KB217501

인도신화의 계보

차례
Contents

힌두교와 힌두 신화의 특성

신화는 이야기의 한 형태이다. 하지만 소설이나 설화, 영웅담같이 그 본래의 목적을 흥미에 두고 있는 이야기들과는 다르다. 또한 역사와 마찬가지로 과거사에 대해 이야기하고 있지만 역사적인 사실을 기록한 것이라기보다는 의미의 역사를 기술하고 있다는 점에서 차이를 보인다. 종교적인 관점에서 본다면 신화는 인간의 궁극적인 물음과 관련된 이야기이다. 인류는 우주의 근원과 질서, 인간의 본성과 운명 그리고 구원의 문제와 그것을 위해 따라야 할 행위의 규범 등 근원적이고 실존적인 물음을 끊임없이 제기해 왔다. 신화에는 인간이 이러한 물음에 대한 해답을 다양한 방식으로 찾아온 흔적들이 원초적인 형태로 담겨 있다. 그래서 특정 종교의 신화에는 물음에 대한 해답인 그 종교의 세계관과 그에 토대를 두는 사회, 문화적 이상들이 상징적인 방법을 통해 표현되고 있다. 이 점에서 신화는 인간이 자신과 외부세계를 인식하고 그것에 반응해온 다양한 방식과 이에 토대를 두는 문화를 이해할 수 있는 좋은 자료라고 할 수 있다. 따라서 이 책에서 다루게 될 힌두교의 주요 신들과 관련 신화들은 삶과 세계에 대한 인도인들의 이해와 반응을 말해 줄 것이다. 앞으로 다루게 될 복잡한 인도의 신들과 신화를 좀더 쉽고 체계적으로 이해하기 위해 먼저 힌두교와 힌두 신화의 특성 그리고 힌두 신화의 몇 가지 공통되는 주제에 대해 개괄적으로 살펴보기로 한다.

다양성과 통일성 그리고 지속성

인도는 긴 역사와 넓은 영토, 다양한 신앙과 종족 그리고 언어와 관습을 지니고 있는 나라이다. 따라서 인도 문화는 다양한 문화적 요소들이 긴 기간에 걸쳐 축적되고 융합되어 이루어졌다. 그러나 인도 인구의 83% 이상이 힌두교도인 사실에서 알 수 있듯이 인도 문화의 주류는 고대에 인도로 유입된 아리아인들(Aryan)의 가부장적 문화와 농경문화의 특성을 지니는 토착문화가 오랜 시간 동안 융합을 이루어 형성된 힌두 문화이다. 따라서 이러한 문화적 배경에서 성장 발전해온 힌두교 역시 다양한 신앙과 사상체계들이 변화와 유지를 반복하면서 축적되고, 융합된 종교이다. 그런 까닭에 힌두교와 힌두 신화를 이해하는데 있어 가장 먼저 부닥치게 되는 혼란스러움은 그 수를 헤아리기 힘들 만큼 많은 신적 존재들과 그 다양성이다. 힌두 경전에 따르면 신의 수가 3억 3천이 넘는다고 한다. 그런데도 힌두교도들은 이와 같은 수많은 신들이 궁극적으로는 하나의 신이 다양하게 나타난 것이라고 주장한다. 즉 힌두교는 일원론적 다신신앙의 형태를 취하고 있다고 할 수 있다.

힌두교가 세계에서 가장 오래된 종교 가운데 하나란 점을 감안한다면 그 긴 역사의 과정을 거치면서 신들의 지위와 성격에 변화가 있었음을 쉽게 짐작할 수 있다. 기원전 20세기 무렵 새로운 목초지를 찾아 이동하던 아리아족의 일부가 기원전 15세기 무렵 인도의 서북부(지금의 북서 파키스탄)로 이주해 왔다. 그들이 인도에 들어와 형성시킨 종교문헌인 『베다 Veda』에 나오는 천둥과 뇌우의 신 인드라(Indra), 우주의 질서를 보호하는 신 바루나(Varuna), 환각성 있는 식물을 인격화시킨 소마(Soma), 불의 신 아그니(Agni), 새벽의 신 우샤스(Ushas) 등은 주로 자연현상이나 자연력을 신격화시킨 것으로 신화에서 그들은 인간이나 동물 형태로 묘사되었다.

아리아인들이 인도에 차차 정착해가면서 원주민들과의 접촉이 보다 빈번하게 이루어졌고 그 결과 고대 베다 종교는 큰 변화를 겪게 되었다. 특히 인도의 2대 서사시인 『라마야나 Ramayana』와 『마하바라따 Mahabharata』의 형성시기인 기원전 300년에서 기원후 300년 사이에 힌두교의 신학적인 종합화 과정이 이루어지면서 고대 베다의 신들이 전면에서 사라지고 새로운 신들이 힌두 신앙의 주요 신으로 등장했다. 그들이 바로 브라흐마(Brahma), 비슈누(Vishnu), 쉬바(Shiva)이다. 이 가운데 브라흐마는 중요한 위치를 차지하지 못했고, 비슈누와 쉬바가 힌두교의 2대 신으로 부각되었다. 그리고 일부 토착 지역여신들이 이들 남신의 배우자로 힌두 만신전에 편입되거나 독자적인 신앙을 형성시킴으로써 힌두교의 3대 종파, 즉 비슈누파(Vaishnaviam), 쉬바파(Shaivism) 그리고 여신신앙인 샥띠파(Shaktism)가 형성되었다. 그러나 힌두교에서 종파의 구분은 별다른 의미를 지니지 않는다. 브라흐마, 비슈누, 쉬바, 여신 등 주요 신들이 근원적 실재의 여러 형태로 이해되고 있고 다른 많은 신들도 대부분 그 주요 신들과 관련되어 있기 때문이다. 실제로 사원에 가면 여러 신들이 함께 모셔져 있고 방문객들도 차별 없이 그들 모두에게 경배를 드린다. 인도 사회가 발전함에 따라 종교 관념에도 변화가 나타나고 만신전의 규모도 커지면서 4, 5세기 무렵 다양한 신들과 관련된 이야기를 종파적으로 체계화시키려는 시도가 있었다. 그 결과로 나타난 것이 방대한 신화집이라 할 수 있는 『뿌라나 *Purana*』이다. 그러나 약화된 신들이 힌두 만신전에서 완전히 사라진 것은 아니고 지위가 낮은 신으로 수용되었다. 그리고 새롭게 주요한 지위를 얻게 된 신들을 중심으로 많은 지역 신들이 힌두 만신전에 흡수되었다.

인도에는 이들 다양한 신들에 관한 수많은 신화가 존재하고 있다. 최근까지도 신과 신화를 만들어내는 경향은 지속되어서 19세기에는 고대 모신 개념이 바라뜨마따(Bharatmata, 모신 인도)로 개념화되고 형상화되어 민족주의 운동의 상징으로 사용되었고 최근인 1960년에는 여신 산또쉬마따(Santoshimata)를 다룬 영화가 큰 성공을 거두면서 특히 북부 인도에서 산또쉬마따가 재부활하여 현재까지도 인기를 끌고 있다. 희랍 신화가 비교적 짧은 기간인 3, 4세기 동안 형성되어 호머 시대에 희랍 만신전의 결정적인 형태가 갖추어진 이후, 거의 변화를 겪지 않은 것에 견주어 볼 때 인도 신화는 긴 역사적 변천 과정에서도 지속적인 그들만의 생명력을 보여 주고 있다고 하겠다. 이러한 지속성은 힌두 신화가 다루는 기본 개념과 주제들, 예컨대 일원론적 관점, 순환적 시간관, 신과 악마 간의 투쟁, 사회적 의무인 다르마(Dharma)의 강조 등이 대체로 큰 변화 없이 근본 형태를 유지해 왔다는 사실에서도 발견된다. 따라서 언어, 종족, 종파, 지역에 따라 같은 신화가 매우 다양한 형태로 표현되어 왔지만 근본적인 통일성을 발견할 수 있다. 이 점에서 『라마야나』, 『마하바라따』, 『뿌라나』 등의 문헌들은 지금까지도 인도인들의 삶에 영향을 미치고 있는 힌두 신화의 보고로서 인도의 다양성을 하나로 통합시키는 문화적 기능을 훌륭히 해왔다.

삶과의 밀착성

  최근에 신화에 대한 관심이 다시 일고 있지만 과학과 기술

문명이 발달한 현대 물질사회에서 신화는 흔히 비논리적이고 유치한 옛날이야기 정도로 간주되어 온 것이 사실이다. 뿐만 아니라 희랍이나 북구 신화처럼 많은 문화권의 신화들이 지금은 영향력이 크게 약화된 채 문화적 유산으로 남아 있다. 이에 비해 인도의 경우는 지금도 삶의 장에서 살아 있는 신화를 만나는 일이 어렵지 않다. 인도인들의 일상적인 대화나 수많은 축제 그리고 일상의례 등에서 뿐만 아니라 격언, 노래와 춤, 민담과 민속극, 영화 그리고 TV 시리즈물 등에서도 신화는 중요한 역할을 담당하고 있다. 교육을 받지 못한 계층들도 가정과 그들이 속한 집단을 통해 신화와 매우 친숙해 있다. 이러한 현상은 힌두교가 인도인들의 일상생활 곳곳에 깊숙이 영향을 미쳐온 종교라는 사실과 관련이 깊다. 인도인들은 힌두교를 하나의 신앙체계라기보다는 삶과 매우 밀착되어 있는 삶의 방식으로 받아들인다. 그런 까닭에 우리는 사원과 사당 또는 예배 시간에만 그들의 종교적 삶을 만나게 되는 것이 아니라 그들의 일상적인 삶의 장에서도 그들의 신화와 신앙을 만날 수 있다. 인도 신화가 갖는 이러한 삶과의 밀착성으로 해서 인도 신화는 인도 사상의 추상적인 개념을 일반인들에게 보다 쉽고도 구체적으로 전달해 주는 중요한 기능을 해올 수 있었다.

힌두 신화의 주제들

힌두 신화는 긴 역사의 변천 과정과 문화적 복합성으로 인해서 풍부한 다양성을 지니게 되었지만 또 한편으로는 통일성과 지속성을 유지해 와서 공통되는 신화적 개념과 주제가 발견된다. 앞에서 언급했듯이 대표적인 것으로는 일원론적 관점, 순환적 시간관, 신 데바(Deva)와 악마 아수라(Asura) 간의 투쟁, 종교 사회적 의무이자 행동규범인 다르마의 강조 등을 꼽을 수 있다. 이러한 주제들은 힌두 신화에 담긴 인도인들의 세계관과 가치관을 이해하는 데 있어 핵심적이다.

일원론적 관점 : 수억의 신들과 하나의 신

외부인이 처음 힌두 종교 현상을 대할 때 받게 되는 일반적인 인상은 혼돈스러움이다. 수없이 많은 크고 작은 사원들, 또 그곳에 모셔진 많은 수의 신과 신성한 존재들, 쉬바나 비슈누와 같은 남신들과 락슈미(Lakshmi), 두르가(Durga)나 깔리(Kali) 등의 여신들 그리고 원숭이 형상의 하누만(Hanuman)이나 코끼리 형상의 가네샤(Ganesha)와 같은 동물 신들, 소마와 뚤시(Tulsi) 같은 식물의 신격화, 히말라야 산, 강가(Ganga)나 야무나(Yamuna) 같은 강 그리고 태양이나 달과 같은

브라흐마, 비슈누, 쉬바 그리고 태양신 수리야가 새겨져 있는 링가 상. 다양한 신들이 하나의 근원에서 나온 것임을 상징적으로 보여 준다(인도 델리국립박물관).

천체 등 자연물을 신격화시킨 신들, 그리고 반신(半神)과 정령, 악령들, 전설적이거나 역사적으로 위대한 인물들을 신격화시킨 성자들에 이르기까지 그 종류와 수가 엄청나게 많다. 인도 신화가 말하고 있는 3억 3천에 달하는 신들의 숫자를 염두에 두지 않더라도 현상적으로 접하게 되는 수많은 신들만으로도 힌두교나 힌두 신화를 이해해 보겠다는 시도 자체가 무모한 것으로 느껴지기까지 한다. 그러나 이러한 혼돈스러움을 더욱 가중시키는 것은 이와 같이 많은 신들의 존재에도 불구

하고 힌두교도들이 궁극적으로 신은 하나이며 모든 존재에 내재해 있다고 주장한다는 점이다. 그렇다면 힌두교는 다신교인가? 아니면 유일신교인가? 아니면 일원론(Monism)인가? 그들의 대답은 모두 다라는 것이다.

힌두 사상에 의하면, 하나의 근원적인 실재(Brahman 또는 Paramatma)가 존재하는데 이 근원적인 실재는 속성과 형태를 지니지 않는 비인격적인 측면과 속성과 형태를 지니는 인격적 측면을 지니고 있고, 이 인격적 측면이 드러난 것이 구체적인 신이다. 즉 근원적 실재가 우주의 창조, 유지, 해체 기능을 담당하기 위해 자신의 인격적인 측면을 창조의 기능을 담당하는 브라흐마, 우주의 유지를 담당하는 비슈누 그리고 우주의 해체를 담당하는 쉬바신으로 분화시켜 드러낸 것이 힌두교의 주요 삼신이다. 이것이 이른바 '힌두 삼위일체신론(Trimurti)'이다. 또 존재하는 모든 것, 즉 우주는 이 근원적 실재가 자신을 다양한 형상으로 드러낸 것으로 이해된다. 그러므로 신성은 인간을 포함한 자연의 모든 것들 속에 존재하며 신은 어떠한 형태로도 숭배되어질 수 있다는 것이다. 여기서의 신(神) 개념은 자신의 의지로 무에서 우주를 창조한 유일신 종교의 인격적인 신 개념과는 다르다. 힌두교에서 이 근원적 실재는 너무 추상적이어서 대중 신앙에서는 그것이 구체적으로 인격화된 여러 신들이 예배의 대상이 되고 있다. 즉 위의 주요 세 신들과 그들의 배우자 여신인 사라스와띠(Saraswati), 락슈미, 빠르바띠(Parvati), 두르가 등의 여러 여신들 그리고 그들 사이에 태어난 자손이 모두 신으로 숭배된다. 그리고 앞서 언급했던 다양한 신적인 존재들은 이들 주요 신들과의 직·간접적인 관련성 때문에 숭배되는 존재들이다. 특기할 만한 사실은 여신들, 그 중에서도 두르가나 깔리 등과 같은 강력한 여신은 독립적인 숭배의 대상이 되고 있다는 점이다. 역사적인 관점에서 본다면 이렇듯 다양한 신들의 유형은 힌두교의 형성과 전개 과정에서 인도에 존재해 온 다양한 신앙 형태를 힌두교라는 하나의 신앙체계 내에 흡수·통합시킨 결과라고 할 수 있다.

순환적 시간관 : 우주와 인간 삶의 끝없는 순환

인도 신화의 이해를 위한 또 하나의 중요한 주제는 순환적 시간관이다. 오늘날의 우리는 시작과 끝이 존재하는 직선적인 시간관에 아주 익숙해 있다. 기독교나 이슬람 등 유일신 종교에서는 우주 곧 시간이 창조의 시점에서 존재하기 시작하여 종말이라는 시점에서 끝나게 되며 이후 우주는 존재하지 않는다고 설명한다. 여기서 나타나는 시간관은 직선적이고 진보적이다. 그러나 인도 사람들은 아주 오랫동안 우주와 인간의 삶이 무한히 되풀이되는 것으로 파악해 왔다. 힌두 사상에 의하면 우주는 브라흐마, 비슈누, 쉬바에 의해 창조, 유지, 해체의 과정을 끊임없이 되풀이하고 인간 역시 태어나고 죽고 다시 태어나는 과정을 되풀이한다. 이렇게 우주와 인간의 삶이 순환되는 이유를 설명하기 위해 제시되는 이론이 바로 모든 인도 종교와 사상에서 빼놓을 수 없는 업과 윤회 사상이다. 모든 존재가 자신이 행한 행위의 결과에 따라 되풀이해 존재하게 된다고 보는 이 사상에 대해서는 관련 신화에서 구체적으로 설명하기로 한다.

다르마 : 자연 및 사회와 조화를 이룬 삶

인도 신화에 나타나는 또 다른 주요 주제는 다르마에 대한 강조이다. 인도 사상은 전통적으로 우주는 살아 있는 하나의 유기체이며 이 유기체는 일정한 질서체계에 의해 운행되고 있다고 인식해 왔다. 다르마는 자연과 사회 모두의 이면에 있는 이 질서체계를 지켜야 할 의무 및 행동규범을 의미한다. 이 다르마가 사회에 적용된 것이 바로 카스트 제도이다. 그래서 인도 전통에서 다르마는 좁게는 개인이 지켜야 할 종교·사회적 의무를 의미하고, 넓게는 사회와 우주의 유기적 질서를 유지시키는 의무를 의미한다. 경우에 따라서는 인도 문화가 최고의 가치로 추구해온 해탈(Moksha)보다도 강조된다. 인도 신화는 인도 전통에서 아마도 가장 중요한 윤리적 개념이라고 할 수 있는 다르마를 설명하고 강조하는 기능을 훌륭히 해왔다. 흔히 신들이 신화나 그림, 사원 조각 등에서 가족과 함께 있는 모습으로 묘사되는데 이 역시 결혼과 가정의 중요성을 강조하고 전파하기 위한 것이다.

인도 신화는 또한 자연과 인간 세계가 동일 질서의 지배를 받고 있기 때문에 인간과 자연의 삶이 밀접하게 연관되어 있으며 따라서 인간이 인위적으로 이 관계를 깨서는 안 된다는 점을 강조해 왔다. 그렇기 때문에 서구에서 인간이 자연의 지배자로 군림해 온 것과는 다르게 인도에서는 인간 사회와 자연, 특히 모든 생명체와의 상호의존적인 조화로운 관계가 추구해야 할 가치로 제시되어 왔고, 그러한 조화의 관계를 유지시킬 수 있는 삶의 방식이 바람직한 것으로 여겨지고 있다. 그래서 힌두 신화는 자연물의 중요성을 강조하고 그들에 대한 존경심을 불러일으키기 위해 신화와 종교·예술에서 자연물과 신들을 연관시킨다. 예를 들어 쉬바는 황소, 비슈누는 독수리, 두르가는 사자, 사라스와띠는 백조 등과 연관되어지고 인간뿐만 아니라 동·식물도 인내, 헌신, 충성, 사랑 등의 도덕적인 자질을 지니는 것으로 묘사된다.

신과 악마의 투쟁

신과 악마의 투쟁은 인도 신화의 지속적이고도 핵심적인 주제이다. 이 투쟁은 아수라 곧 악마가 극심한 고행을 통해 대개는 브라흐마로부터 강력한 힘을 얻게 되고 그 힘이 점점 강해져서 다르마의 수호자들인 데바 곧 신들을 위협하게 될 때 일어난다. 대표적인 신화인 『라마야나』도 신의 화신인 람(Ram 또는 라마)과 아수라인 라반(Ravan 또는 라바나)의 전쟁이야기가 대부분을 차지하고 있다. 일반적으로 해석하면 이 투쟁은 선과 악의 충돌이다. 선과 악은 자연과 삶에 있는 긍·부정적인 두 힘을 상징한다. 이 두 세력 사이의 충돌은 모든 곳에서 발견된다. 또 우리는 삶의 장에서 여러 형태의 적과 끊임없이 대면하게 되는데 이러한 영원한 투쟁에서 선과 정의로움이 승리한다는 것이 인도 신화의 중요한 메시지 가운데 하나이다. 그런데 이 주제를 좀더 깊이 파고 들어가면 인도 문화의 선, 악 구분에 대한 흥미로운 태도를 읽을 수 있다. 신화에서 아수라가 충실한 고행의 과정을 통해서 신에게서 강력한 능력을 얻고 또 때로는 선하던 아수라들이 신들의 고의적인 속임수에 의해 타락하는 신화적 모티브는 신들에 의한 목적 있는 악의 창조로 해석될 수 있다. 이러한 의미에서 데바와 아수라를 본질적인 선, 악의 이분법으로 나누는 것은 적절치 않아 보이며 오히려 우주를 구성하는 상반되는 세력을 상징하는 것으로 해석할 수 있다. 즉 우주를 구성하는 서로 상반되는 세력에 대한 기능적인 구분이다. 그러나 일반적으로는 데바와 아수라 간의 끊임없는 투쟁 모티브는 인간이 삶에서 부닥치는 모순적 상황을 상징하고 데바의 궁극적 승리는 그러한 모순적 상황의 영웅적인 해결을 제시하고 있는 것으로 보인다.

그럼 다음 장부터 오늘날 숭배되고 있는 주요 힌두 신들의 특징과 성격에 대해 간략히 서술하고 그들과 관련된 신화를 힌두 서사시와 『뿌라나』의 이야기들을 중심으로 다루면서 위에서 언급한 신화적 주제들이 어떻게 기술되고 있는지 살펴보기로 하겠다. 구체적으로는 창조의 신 브라흐마와 그의 배우자인 사라스와띠, 유지의 신인 비슈누와 그의 배우자인 락슈미 그리고 비슈누의 주요 화신인 람과 끄리슈나, 파괴의 신인 쉬바와 그의 배우자인 빠르바띠 그리고 독자적으로 숭배되는 여신들인 두르가와 깔리 그리고 이들 신들보다 지위가 낮은 하위 신들 중에서는 대중적으로 크게 인기가 있는 원숭이 신 하누만, 코끼리 신 가네샤 그리고 자연물을 신격화시킨 강의 여신 강가를 다룰 것이다. 지면상의 제약으로 고대 베다의 신들을 제외시키긴 했지만 오늘날 살아 있는 힌두 신앙의 핵심적인 주요 대상들과 신화들을 다룬다는 점에서 인도의 신들과 신화의 핵심 내용을 이해하는 데는 충분하리라고 생각한다. 현재 국내에서 인도어 표기는 통일이 되어 있지 않고 영어로 표기된 인도어 표기를 사용하는 경우가 많아 원음과 다른 경우가 많다. 따라서 여기서는 가능한 원음대로 표기하려 했다. 다만 혼돈을 피하기 위해 현재 국내 서적이나 영어 서적에서 일반적으로 많이 사용되는 표기는 원음 표기 옆에 괄호로 처리하였다.

브라흐마(Brahma) : 창조의 신

　우주의 창조, 유지, 해체의 기능을 담당하는 세 신 곧 브라흐마, 비슈누, 쉬바로 구성되는 힌두 삼위일체신론에서 브라흐마는 창조의 역할을 담당하는 신이다. 고대 힌두 문헌인 『베다』에서는 비슈바까르만(Vishvakarman), 쁘라자빠띠(Prajapati) 등이 창조주로 언급되었다. 이후 수뜨라(Sutra) 문헌들에서 브라흐마와 쁘라자빠띠가 동일시되다가 『뿌라나』에 이르러 브라흐마가 창조주로 나타났다. 그가 창조신이라는 것은 구체적인 신화적 기술 외에도 그의 여러 명칭에서도 잘 나타난다. 스바얌브(Svayambh, 스스로 태어난 자), 히런여가르바(Hiranyagarbha, 황금 알), 삐따마하(Pitamaha, 조상들의 위대한 아버지), 다따(Dhata, 모든 것을 낳는 자), 안다자(Andaja, 알에서 태어난 자) 등

17

브라흐마(인도 델리국립박물관).

의 명칭은 창조자로서의 그의 특성을 잘 보여 주고 있다. 브라흐마는 초기 우주창조 신화(초기 불교경전과 『마하바라따』)에서는 중요한 신으로 나타났지만 6세기 이후에는 그에 대한 숭배가 점차 쇠퇴하여 오늘날에는 인도 내에 사원이 하나뿐일 정도로 그에 대한 독자적인 숭배는 거의 존재하지 않는다. 창조주의 지위가 이리 약화된 이유에 대해 일부 학자들은 일단 창조가 이루어지고 나면 그것의 성장과 유지 그리고 해체가 중요해져서 브라흐마의 중요성이 약화되고 유지와 해체의 기능을 담당하는 나머지 두 신의 중요성이 커졌다고 해석하기도 한다(Chaturvedi 1996, Brahma : 12). 신화나 그림 등에서 묘사되고 있는 그의 형상은 네 방위를 향하고 있는 네 개의 머리, 두 다리와 발, 네 팔과 손 그리고 수염을 가진 성숙된 어른의 모습이다. 브라흐마의 네 개의 머리는 네 베다, 네 유가(Yuga, 시대), 네 카스트를 상징한다. 그리고 모든 힌두 신들은 동물 탈것을 지니고 있는데 브라흐마의 경우는 지식과 지혜의 상징인 거위 또는 백조인 함사

(Hamsa)이다.

창조 신화에 나타난 순환적 시간관

　브라흐마가 여러 신화에 자주 등장하고는 있지만 그가 주
요 인물로 나타나는 신화나 설화는 극소수이다. 또 여러 신화
나 설화에서 하위 신들이 그에게 도움을 요청하는 것으로 기
술되지만 그 자신이 도움을 주는 경우는 극히 드물고 대개 비
슈누나 쉬바의 도움을 청하도록 조언한다. 이것은 그의 지위
가 약화된 것에도 일부 이유가 있겠고 그의 역할이 창조이므
로 창조 이후 세계의 유지나 해체 기능에 있어서는 그 중요성
이 약할 수밖에 없어서일 수도 있다. 하지만 브라흐마는 창조
와 관련된 대부분의 이야기에서는 주요 등장인물이다.

　창조 이야기는 매우 다양하게 나타나는데 창조 및 브라흐
마의 기원과 관련된 몇 가지 신화를 살펴보기로 하자. 마누
(Manu)의 서술을 따르면 "태초에 어둠 속에서 자존적 존재(우
주적 영혼인 Brahman)가 나타났다. 그것은 스스로를 많은 것으
로 만들려고 갈망하였다. 그래서 처음에는 물을 낳고 그곳에
정액(씨)을 놓았다. 이것이 황금알인 히런여가르바가 되고 여
기서 창조주 브라흐마가 태어났다. 1년 동안 그 속에 누워 있
던 브라흐마가 그것을 두 부분으로 나눴다. 반은 하늘이 되고
나머지 반은 땅이 되었다. 그리고 그 사이가 공중이었다." 또
다른 신화에서는 우주가 해체된 후 비슈누는 원초적 물 위에

떠 있는 똬리를 튼 뱀 위에서 잠이 든 채 휴식을 취하고 있었다. 그러다 또 다른 우주가 창조될 무렵 비슈누의 배꼽에서 연꽃이 자라나고 그 연꽃 속에서 브라흐마가 나타난 것으로 기술된다. 그래서 브라흐마는 '배꼽에서 태어난 자' 또는 '연꽃에서 태어난 자'로도 불린다. 비슈누의 명칭 중 하나가 '물에 거주하는 자'란 의미의 나라얀(Narayan 또는 나라야나)인데 물은 생명의 근원을 의미한다. 따라서 비슈누는 생명의 근원인 물을 나타내고 연꽃의 등장은 창조과정의 시작을 의미한다. 브라흐마가 연꽃 가운데서 태어난 것은 바로 이 창조의 과정을 상징한다고 볼 수 있다.

『뿌라나』에 나오는 또 한 신화에 의하면 창조주 브라흐마는 낮에 우주를 창조하는데 이 우주는 43억 2천만 년간 지속된다. 그리고 이 기간이 지나고 밤이 되면 브라흐마가 잠자리에 들게 되는데 이때 세계는 물에 의해 차례로 파괴되고 전 우주가 그의 몸으로 흡수되어 우주는 43억 2천만 년 동안 잠재적으로만 존재하게 된다. 이러한 우주의 생성과 해체의 과정은 100브라흐마 년(年)인 브라흐마의 생애가 끝날 때까지 지속된다. 그리고 이 기간이 끝나면 우주가 다섯 자연요소(불, 물, 공간, 바람, 흙)로 해체되는데 이 단계가 우주의 궁극적 해체의 단계인 쁘랄라야(Pralaya)이다.

위에서 짧게 언급한 신화에서 우주는 생성과 해체의 과정을 끊임없이 반복하는 것으로 그려지고 있다. 힌두 신화에 나타난 이러한 순환적 우주관을 좀더 자세히 살펴보기로 하자.

한 회의 우주가 브라흐마에 의해 생성되어서 존속되는 기간은 브라흐마의 낮의 길이 그러니까 43억 2천만 년이고 이것을 깔빠(Kalpa)라고 부른다. 또 이 깔빠는 천 마하유가(Mahayuga)로 구성된다. 그리고 각 마하유가는 또 4유가, 즉 끄리따(Krita) 유가, 뜨레따(Treta) 유가, 드와빠라(Dwapara) 유가, 깔리(Kali) 유가로 구성된다. 그리고 이 4유가는 점진적인 쇠퇴의 기간이다. 진리의 시대라 할 수 있는 끄리따 유가는 삶에 부정적이고 고통스러운 것이 전혀 없는 축복의 시대이다. 이후 뜨레따 유가와 드와빠라 유가를 통해 정의가 점점 줄어들어 드와빠라 유가에서는 선이 쇠퇴하고 질병, 욕망, 재앙이 엄습한다. 깔리 유가는 암흑의 시대로 고통, 근심, 기아, 공포가 만연된다. 이 시대 말기가 되면 세상이 홍수와 불로 파괴된다고 한다. 이 네 유가의 순환이 1,000번 되풀이되는 1깔빠가 지나면 우주가 해체되어 같은 기간 동안 휴지기가 지속된 후 브라흐마는 또 다른 우주를 창조한다는 것이다.

여러 신화에서 브라흐마가 창조주로 나타나는 경우가 일반적이지만 종파적 성격이 강한 문헌에서는 비슈누나 쉬바가 창조, 유지, 해체 기능 모두를 하는 것으로 묘사된다. 예컨대 『파드마(Padma) 뿌라나』에서 비슈누는 우주의 근원적인 존재로 서술된다. "태초에 비슈누가 세계를 만들고자 원했다. 그래서 자신이 창조·유지·파괴자가 되었다. 그의 몸 오른편에는 브라흐마를, 왼편에서 비슈누를 그리고 가운데서 쉬바를 낳았다. 어떤 이들은 브라흐마를 어떤 이들은 비슈누를 또 쉬바를 숭배하나 비슈누는 셋인 하나이다." 이러한 설명은 신들의 형태나 기능은 다양해도 그 근원과 본질에 있어서는 하나임을 주장하는 일원론 사상을 보여 준다.

업과 윤회 사상

위에 언급한 신화들에서는 구체적으로 서술되고 있지는 않지만 인도의 순환적 시간관을 말하면서 빼놓을 수 없는 사상이 바로 인도인들의 인생관인 업과 윤회 사상이다. 이 사상은 힌두교 이외에도 자이나교와 불교 그리고 거의 모든 인도 철학체계들이 수용하고 있는 주요한 사상이다. 인도 사상에서 까르마(karma) 곧 업은 행위에 토대를 두는 우주의 인과법칙으로 우주를 운행시키는 자연법칙이자 인간의 도덕적인 행위에 대하여 엄격한 보상과 처벌을 부여하는 도덕률이기도 하다. 이 업 사상의 핵심 원리는 모든 행위는 반드시 그 결과로 업보를 초래한다는 것이다. 자연법칙으로서의 업 이론에 따르면 개별 존재는 욕망으로 인해 쌓은 업의 결과로 존재하게 된다. 그리고 현생에서 겪게 되는 서로 대립적인 경험, 예컨대 기쁨과 슬픔, 행복과 불행 등은 업의 원리에 의해 자신이 행한 행위의 필연적인 결과로 주어진 것이며 마찬가지로 개인이 행하는 모든 행위는 선악에 따른 결과로 그의 미래 운명을 결정하게 된다는 것이다. 즉 인간의 현재 운명은 자신이 쌓은 과거 행위의 결과이고 또 현재의 행위가 미래의 운명을 결정한다는 사상이다.

이 업 개념과 연관되는 또 하나의 주요 개념이 삼사라(sam-sara) 곧 윤회이다. 이 사상은 업의 법칙에 따라 개인의 모든 행위는 반드시 그 결과를 낳는데 그러한 결과들이 현생에서 다 나타나는 것은 아니므로 모든 행위자는 그 결실의 내용에 따라 다양한 형태로 다시 태어나게 된다는 것이다. 즉 윤회는 자신의 행위의 결과에 따라 인간은 수없이 많은 생애를 살게 된다는 이론이다. 결국 인도 사상에서 시간은 시작과 끝이 있는 것이 아니라 무한히 이어지는 지속적인 흐름으로 이해된다고 할 수 있다.

사라스와띠(Saraswati) : 학문과 음악, 예술의 여신

브라흐마의 배우자는 사라스와띠이다. 그녀는 사비뜨리(Savitri), 가야뜨리(Gayatri) 등으로도 불린다. 사라스와띠는 『베다』에서는 강의 여신으로 정화와 풍요의 기능을 담당하는 것으로 나타나지만 후에 그녀의 본성과 기능이 변화하여 말(언어)을 창조했다고 믿어지면서 말과 학문, 문화의 여신이 되었다. 현재는 지혜와 학문, 음악과 예술의 여신으로 신봉된다. 신화나 조상(彫像)에서 그녀의 일반적인 형상은 팔이 둘 또는 넷이고 말이나 학문과 연관되는 책(베다)과 염주를 들고 있고 현악기인 비나(Vina)를 연주하는 모습을 하고 있다. 그리고 연꽃 또는 백조 위에 앉아 있는 모습으로도 묘사된다.

사라스와띠의 탄생 신화

『마쯔야 뿌라나 *Matsya Purana*』에 나오는 신화에 의하면 브라흐마가 자신으로부터 사라스와띠를 만들어낸 후 창조를 하는 것으로 그려진다. "브라흐마는 자신의 마음에서 나온 딸(Saraswati)을 보자 그녀가 너무도 아름다워 사랑에 빠지게 되었다.

사라스와띠.

그의 눈길에 부끄러움을 느낀 사라스와띠가 그것을 피해 그의 오른 쪽으로 돌자 그녀를 보려고 두 번째 머리가 생겨났다. 사라스와띠가 다시 그의 눈길을 피해 왼쪽과 뒤로 돌아가자 브라흐마는 차례로 세 번째와 네 번째 머리를 만들었다. 그녀가 그의 시선을 피해 하늘로 사라지자 그녀를 바라보려는 열망에서 다섯 번째 머리가 위에서 생겨났다. 그리고 자신의 딸에게 말했다. '인간과 수라(신)와 아수라(악마) 등 모든 종류의 생명체를 낳자.' 이 말을 듣고 그녀가 내려왔고 브라흐마가 그녀를 아내로 삼아 100신년을 살았고 이 시기 끝에 인류의 조상인 마누가 태어났다."

이 신화는 하나의 근원적 실재로부터 남녀의 우주적 원리가 나오고 두 원리의 결합을 통한 세계의 창조를 이야기하고 있다. 남녀 원리의 결합에 의한 우주창조는 세계 여러 지역에서 발견되는 일반적인 우주창조론이다. 브라흐마가 느끼는 자신의 딸에 대한 성적 욕망과 다른 여러 신화에서 그가 아름다운 여성을 보고 욕정을 억제하지 못하는 것으로 묘사되는 것은 그의 창조에 대한 욕망을 상징한다고 할 수 있다. 브라흐마가 네 개의 머리를 가지게 된 기원 신화는 특히 눈에 띈다. 위에서 언급했듯이 힌두 신화에 의하면 그의 머리는 본래 다섯이었는데 브라흐마가 쉬바의 분노를 사서 쉬바가 벌로 브라흐마의 다섯 번째 머리를 자신의 제3의 눈에서 나온 파괴의 불로 태워 잘라버렸다고 한다. 그러나 이러한 신화는 쉬바파나 비슈누파가 브라흐마 신을 격하시키기 위해 만들었을 가능성도 있다.

신화에서 사라스와띠가 브라흐마 마음에서 태어나 그의 배우자가 된 것으로 묘사되고는 있지만 후에 학문과 음악의 아름다움과 관련되는 처녀신으로 남게 되었다. 사라스와띠에 대한 전통적인 숭배는 물론이고 『베다』에서도 페르시아의 미네르바 여신처럼 처녀로 나타난다. 그러나 인도에서 결혼이 여성의 의무적인 규범이 되어가면서 신화제작자들이 그녀를 브라흐마와 결혼시킨 것으로 보인다. 그녀는 어머니처럼 옷을 입고 있긴 해도 아이가 없는 유일한 여신이다. 실제로 『뿌라나』는 사라스와띠의 형상을 다양하게 기술하고 있는데 가장 대중적인 것은 백조 위에 앉아 있는 흰 얼굴빛의 처녀상이다.

흰 피부의 아름답고 젊은 숙녀로서 학문의 정결함을 상징하는 집착이 없는 여성의 이미지로 묘사된다.

언어와 학문, 음악과 예술의 여신

사라스와띠는 인도인들이 신성시하는 산스끄리뜨(Sanskrit, 범어)와 그 글자를 창조한 언어와 학문 그리고 지혜의 여신으로 믿어진다. 사라스와띠가 언어의 여신이 된 것은 지식을 표현하는 수단이 언어였기 때문일 것이다. 또 『베다』가 그녀의 머리에서 나왔다고 믿어지는 학문의 여신이기 때문에 모든 종류의 학습과 연구에 들어갈 때 사라스와띠에 대한 숭배를 먼저 한다. 그녀에 대한 봉헌은 『베다』와 경전에 의해 대표되는 모든 지식에 대한 봉헌을 의미한다. 사라스와띠의 축복이 지식과 관련된 모든 일에 절대적으로 필요하다고 여기기 때문이다. 그녀는 창조적인 결실을 낳는 모든 지식이 나오는 뿌리이며 마음의 눈을 열어 지식을 부여하는 여신이다. 사라스와띠의 진정한 신봉자는 모든 물질적 이익과 이득의 유혹에서 자유로운 지식을 얻기 위해 노력하고 명성이 아닌 완성을 갈망한다.

『마하바라따』에 나오는 한 성자와의 대화에서 사라스와띠의 이러한 측면을 찾아 볼 수 있다. 한 성자가 사라스와띠 여신에게 물었다. "오, 여신이시여! 저는 당신이 우리 안에 있는 최고의 영혼을 실현 가능하게 하는 최고의 지혜와 가장 어려운 임무를 달성시키는 지성의 원천이라 여기고 있습니다. 그렇긴 하지만 나의 혼돈스러움을 지우기 위해 당신이 누구이신지 당신께 묻습니다." 그러자 여신이 대답했다. "오, 성자여, 나는 모든 지식의 구체화인 사라스와띠이며 너의 혼돈을 없애기 위해 여기 나타난 것이다. 신실하게 봉헌하는 자, 『베다』가 규정한 지침들을 따르는 자, 윗사람에게 존경을 표하는 자, 무언가를 필요로 하는 이들에게 자비를 베푸는 자들이 나를 얻는다. 즉 그러한 사람이 자신 안에서 나의 존재를 실현할 수 있다." 전통적으로 인도에서 학문의 진정한 목적은 단순한 정보로서의 지식을 획득하는 것이 아니라 삶의 지혜로서의 지식을 획득하는 일, 즉 완성된 인격을 갖추는 것이었다. 이 신화에 나오는 사라스와띠의 말도 이 점을 잘 표현하고 있다.

일부 신화는 쉬바를 모든 음악적 소리의 근원이자 저장고로 설명하긴 하나 대체로 사라스와띠를 음악의 여신으로 믿고 있다. 그녀가 들고 있는 비나는 음악의 기원으로 설명된다. 또한 모든 예술을 주재하는 신으로 믿어질 뿐만 아니라 음악, 춤, 문학, 드라마의 여신이기도 하다. 창조예술에서 여타의 관련 신들이 창조적 기술을 지니고 있다면 사라스와띠는 고유한 내재적 기쁨을 상징한다. 그리고 사라스와띠는 긍정적이고 고귀한 속성만을 지니고 부정적인 속성을 전혀 지니지 않는다는 점에서 힌두 여신들 가운데 독특한 위치를 차지하고 있다. 현재도 봄을 예고하는 축제인 바산뜨 빤챠미(Vasant Panchami) 축제날에 언어, 학문 그리고 창조성을 총괄하는 여신인 사라스와띠가 특별히 숭배되고 있다.

비슈누(Vishnu) : 유지와 보존의 신

    세계의 보존과 유지의 기능을 담당하는 비슈누는 세상의 질서이자 정의인 다르마를 방어하고 인류를 보호하는 존재이다. 따라서 힌두 신들 가운데 가장 자비롭고 선한 신으로 나타난다. 인도 최고(最古)의 문헌인 『리그베다』에서도 비슈누가 나타나기는 하지만 주요한 신은 아니었다. 그러나 베다 시기 말엽부터 그의 숭배가 빠른 속도로 발전하여 『마하바라따』와 『뿌라나』 시기에 이르러 상당한 권위를 얻게 되고 세상과 우주를 유지, 지속, 보존시키는 속성을 지니는 신으로 자리잡게 되었다. 비슈누 신앙이 발전하면서 대중적인 신들을 포함하는 몇몇 신들이 그의 아바따르(Avatar 혹은 아바따라, 化身) 형태로 비슈누 신앙에 흡수되었다. 이 아바따르는 비슈누가 일정

29

비슈누(인도 델리국립박물관).

한 규칙을 가지고 우주와 세상의 질서를 유지시키는 데, 그 일이 방해를 받게 되면 세상의 질서를 수호 및 복원하기 위해 구체적인 형상을 취하고 지상에 나타난다는 사상이다. 또 신화에서 브라흐마나 쉬바가 심지어는 위험스런 악마들에게도 은총을 부여하는 것과는 달리 비슈누는 세 신 가운데 유일하게 결코 악마들을 돕거나 은총을 주지 않는다는 점과 모든 악마들이 결국에는 비슈누와 그의 아바따르에 의해 파괴되는 것 역시 그의 유지기능을 잘 말해 준다. 이것이 그가 인도 전통에서 중요한 의미를 지니는 다르마와 밀접히 연관되는 이유이다. 그러나 이 측면은 비슈누 자신보다 더 많은 대중적 사랑을 받고 있는 그의 대표적인 화신, 람에게서 더 잘 나타나므로 그 부분에서 다루기로 하겠다.

신화나 조상에서 묘사되는 비슈누의 모습 가운데 가장 일반적인 것은 네 손에 고동, 원반, 철퇴, 연꽃을 가지고 서 있는 잘 생긴 남성의 모습이다. 여기서 고둥은 우주를 구성하는 다섯 요소의 근원이자 생명의 근원을 의미하고 그의 원반은 우주의 질서를 위협하는 모든 악마들의 머리를 베는 무시무시한 무기로 사용된다. 연꽃은 정결함과 평화와 미 그리고 생식 충동을, 철퇴는 원초적 지식을 상징한다. 또 다른 주요 형상은 대양 위에 떠 있는 뱀 위에서 잠자고 있는 모습이다. 비슈누의 동반자는 독수리 형상을 하고 있는 가루다(Garuda)이다.

원초적 대양 위에 누워 있는 비슈누

먼저 비슈누가 유지와 보존자로 묘사되는 『바라하 뿌라나 *Varaha Purana*』에 나오는 신화를 살펴보기로 하자. "최고의 신인 나라얀(비슈누)이 우주를 창조하려는 생각을 품었다. 그리고 창조 후에 그것을 보호할 필요가 있다고 여겼다. 하지만 무형의 영적인 존재가 행위를 하는 것이 가능하지 않으므로 스스로의 본질에서 형상이 있는 존재를 낳아 세상을 보호해야겠다고 생각했다. 그래서 나라얀은 스스로의 실체에서 신성한 형상을 만들어냈다. 그리고 그에게 다음과 같은 축복을 내렸다. "당신은 모든 사물을 짜는 이이다. 오, 비슈누여! 당신은 언제나 삼계(三界)의 방어자이며 모든 이들에게서 숭상을 받는 자이다. 전지하며 강력한 자이다. 당신은 브라흐마와 신들의 바람을 언제나 달성시켜 준다." 비슈누는 자신의 목적에 대해 명상하면서 신비스러운 잠에 잠겼다. 잠 속에서 다양한 사물의 생산에 대해 상상하자 그의 배꼽에서 연꽃이 솟아 나왔다. 그리고 그 연꽃 가운데서 브라흐마가 나타났다."

이 신화는 비슈누 곧 나라얀이 우주의 근원적 실재로 그려지고 있는 것으로 보아 비슈누파의 신화로 볼 수 있다. 나라얀은 비슈누의 다른 이름들 가운데 가장 인기 있는 이름으로 '물을 거처로 지닌 자'를 의미한다. 신화에서, 우주가 해체되어 휴지기에 들어간 때인 태초에 비슈누는 바다 위에 똬리를 틀고 떠 있는 뱀 위에 누워 휴식을 취하고 있는 것으로 묘사된다. 앞서 언급했듯이 인도인들은 순환적 우주관을 지니고 있어서 우주가 생성과 소멸을 무한히 반복한다고 믿는다. 힌두교 문헌인 『마하바라따』나 『뿌라나』 등의 힌두 신화에 의하면 우주의 한 주기인 깔빠와 깔빠 사이에 휴지기가 있는데 이때에 우주의 모든 것들이 신의 몸으로 재흡수된다고 한다. 우주의 유지를 담당하는 비슈누 신은 이 시기에 우주적 대양 위에 똬리를 틀고 떠 있는 뱀 쉐샤(Shesha 또는 Vasuki나 Ananta) 위에 누워 잠을 자고 1,000개의 머리를 가진 쉐샤가 머리 부분을 넓게 펴서 휴식을 취하고 있는 비슈누의 머리 부분을 보호해 주는 것으로 묘사된다. 이때 우주는 잠재적으로만 존재한다. 이 해체의 상태가 끝나 비슈누가 깨어나면 그의 배꼽에서 연꽃이 자라나고 그 안에 창조주 브라흐마가 나타난다. 그리고 브라흐마에 의해 우주는 잠재적 상태에서 실제 상태로 전환된다. 즉 창조된다.

우주의 근원적 존재를 인격화시킨 비슈누가 대양 위에 떠 있는 뱀 아난따 위에서 누워 쉬고 있다는 신화적 설명은 비슈누를 우주의 궁극적인 잠재 에너지와 연관짓는 것이다(Bhattacharji 1998 : 300). 비슈누가 물이 존재하는 곳에 있는 것은 물이 있는 곳에 생명이 있고 생명이 있는 곳에 존재가 있고 세계가 있기 때문이다. 물이 생명과 관련된다는 것은 잘 알려져 있는 것이므로 여기서는 뱀이 상징하는 바에 대해 잠깐 살펴보기로 하자. 많은 신화에서 뱀은 세계의 기원이나 창조와 관련되는데, 여기서 뱀은 원초적 물질이나 존재를 의미한다. 창조에 대한 고대 근동의 철학적 사색에서 뱀이나 용은 창조 이전의 분화되지 않은 통합체를 상징했다. 예를 들어 바빌론 신인 마르둑(Marduk)은 용같이 생긴 괴물 티아마트(Tiamat)를 물리친 후에야 그의 몸에서 천지를 만들어낼 수 있었다. 우주적 심연 위에 떠 있는 우주적 뱀 위에 비슈누가 누워 있는 형상(imagery)에서 뱀은 우주를 떠받치고 있는 에너지이자 우주의 실체로 해석될 수 있다. 그리고 쉐샤가 무한함이나 영원성을 의미하는 '안안따'로도 불린다는 점에서 뱀이 영원성의 상징으로도 사용되고 있음을 알 수 있다.

대양을 저어서 불멸의 생명액을 얻는 신화

또 비슈누와 관련된 유명한 신화인 대양을 휘저어 불멸의 생명액을 얻는 이야기는 『라마야나』와 몇몇 『뿌라나』에서 나온다. "정신적인 수행을 통해 비범한 능력을 얻은 한 성자가 있었다. 그가 신들의 영역으로 가서 인드라 신에게 화환을 바쳤으나 인드라가 고맙다는 표시도 하지 않은 채 그것을 코끼리의 코에 걸어 주는 것을 보고 화가 나서 모든 신들을 저주했다. 그 결과 신들의 힘이 약해져서 삼계(지상, 공중, 천상)에 대한 통제를 상실하고 신들의 적대자들인 아수라(악마)들이 전 존재에 대한 지배권을 잡게 되었다. 이에 신들은 브라흐마에게 가서 조언을 구하게 되고 브라흐마는 비슈누를 찾아가도록 권했다. 비슈누는 우유로 된 대양을 휘저어 불멸의 생명액인 암리따(Amrita)를 얻는 것이 주도권을 찾을 수 있는 유일한 길이라고 말했다. 신들이 자신들의 힘만으로는 어렵다는 고충을 말하자 비슈누는 악마들의 도움을 받으라고 조언했다. 그래서 신들은 악마들과 조약을 맺었다.

히말라야에서 가장 높은 산인 마하메루(Mahameru)가 젓는 막대가 되고 뱀 바수끼가 그 막대를 묶는 밧줄이 되어 신과 악마들이 힘을 합쳐 대양을 저었다. 그리하여 바라는 것을 이루어주는 나무, 풍부한 소 떼, 나는 말 등등의 몇 가지 중요한 것들이 나왔다. 그러고 나서 치명적인 독이 나왔는데 그 냄새가 너무도 독해 젓는 일을 계속할 수가 없었다. 그래서 신들은 명상중인 쉬바에게 가서 도움을 청했다. 쉬바가 그 독을 삼키고 목에 담고 있어 그의 목에 푸른 자국을 남겼다. 그리고 마지막으로 연꽃 위에 앉은 아름다운 여신 슈리(Shri, 락슈미의 다른 이름)가 물에서 나오자마자 비슈누의 배우자가 되었다.

그 여신과 함께 천상의 의사인 단반따리(Danvantari)가 암리따 단지를 손에 들고 마침내 물 속에서 나왔다. 그런데 악마들이 그것을 잡아채감으로써 신들은 절망에 빠져 버렸다. 그러자 비슈누가 아름다운 여인인 모히니(Mohini)로 나타나 악마들의 주의를 분산시켜 암리따를 다시 찾았다. 비슈누는 그것을 신들의 목에 부어주었고, 신들은 다시 강력해져서 비슈누와 함께 악마들을 물리쳤다."

이 신화에서 불멸의 생명수로 상징화되고 있는 물은 중요한 의미를 지닌다. 물은 생명의 근원이자 생명의 성장과 보존에 필수적 요소이기 때문이다. 인도 문화에서 강이 어머니로 상징화되며 중요성을 띠는 것이라든가 의례에서 물이 중시되는 것도 이 이유로 설명된다. 고대 사상가들은 창조의 다섯 요소 가운데 물을 가장 중요하게 생각했다. 그래서 비슈누가 물과 관련되는 것도 그가 주요 신이 된 이유일 것이다. 물이 생명의 근원이자 보존자이기는 하나 그것의 과도함은 대해체로 이끌 수 있다. 대해체 개념은 인도에만 있는 것은 아니다. 최종 대해체인 쁘랄라야는 네 유가의 한 사이클이 끝날 때 발생하는 현상이다. 이 대해체의 기간이 끝나고 우주가 다시 생성될 때 이전의 생명의 싹(기원), 즉 암리따를 되살리려는 노력이 이루어진다. 이 노력을 이전 우주의 모든 존재, 즉 신과 악마 그리고 자연이 함께 하게 되는데 그것이 바로 비슈누의 조언으로 대양을 저어 생명수를 얻어내려는 시도이다.

여기서, 생명수를 얻기 위해 신들이 적대세력인 아수라들과

비슈누와 락슈미(델리의 힌두 사원).
한쪽에 비슈누의 탈것인 독수리 가루다가 앉아있다.

협력해야 한다는 신화적 상황과 설명은 선과 악에 대한 인도 사상의 관점을 보여 준다. 인도 사상에서 선과 악은 우주를 구성하고 있는 두 세력 또는 자연과 삶에 있는 긍정적이고 부정적인 두 힘을 상징한다. 일부 신화에서는 데바와 아수라가 같은 부모에게서 태어난 것으로 기술하고 있는데, 이는 선과 악이 우주를 구성하고 있는, 우리의 삶에 존재하는 상반되는 두 힘이며, 기능적으로 구분되는 개념일 뿐 본질적으로 구분되는 개념이 아님을 시사해준다.

락슈미(Lakshmi) : 부와 풍요의 여신

비슈누의 배우자는 락슈
미로 인도에서 가장 인기
있는 여신 가운데 하나이다.
흔히 슈리 데비(Shri Devi)로
도 불리는데 정숙함, 덕스러
움, 미를 표상하고 번성함,
복지, 부, 풍요, 행운과 성공
을 가져다주는 신으로 믿어
진다. 초기에 락슈미는 성장
과 풍요의 여신이었던 것
같다. 그러나 후기 서사시

락슈미.

시기인 4세기 이후 비슈누의 배우자로 나타나면서부터는 순종적으로 남편을 섬기는 전형적인 힌두 아내를 상징하게 되었다. 그러면서 세상을 유지하는 비슈누의 역할을 돕는 측면이 강화되었다. 앞서 언급했듯이 비슈누는 세상의 질서를 보호하고 유지하기 위해 필요할 때마다 자신의 모습을 지상에 드러내는데 락슈미 역시 그의 세계유지 역할을 돕기 위해 비슈누를 따라 여러 여신의 모습으로 화신한다. 예를 들어 일곱 번째 화신인 람의 부인인 시따(Sita), 여덟 번째인 끄리슈나(Krishna)의 부인인 라다(Radha) 등이 락슈미의 화신으로 알려져 있다. 이렇듯 락슈미의 역할은 인간 사회의 질서를 유지하는 것과도 관련된다.

그러나 락슈미의 주요 기능은 부와 풍요를 가져다주는 것이다. 그래서 사람들은 누군가가 부유해지면 '락슈미가 그와 함께 있다'고 말하고 반대로 빈곤해지면 '락슈미의 버림을 받았다'고 말하곤 한다. 락슈미는 모든 힌두교도들이 숭배하는 대상이지만, 특히 상인계층이 주요 신앙 대상으로 삼고 있어서 그들의 축제인 디왈리(Diwali) 때 특별히 숭배된다. 여러 신화들이 이날 락슈미가 바다에서 나타났다고 언급하고 있다. 락슈미는 보통 두 팔(가끔 네 팔)을 지니고 연꽃 위에 앉아 있는 아름다운 여성으로 형상화된다. 팔이 둘인 경우, 양손에 부를 상징하는 연꽃을 들고 있고 팔이 넷인 경우는 양손에는 연꽃, 아래로 편 손으로는 금화를 쏟아 붓고 있다. 그녀가 동반하는 동물은 비를 상징하는 코끼리이다. 독자적인 사원은 없지만 많은 사원에서 비슈누의 배우자로 함께 나타난다. 이 경우 흔히는 미소 짓고 있는 다정하고 행복한 쌍의 모습을 하고 있는데 이는 만족한 결혼생활, 가정의 질서, 남녀 간의 만족스런 협동과 상호의존을 보여 준다(Kinsley 1987: 29).

락슈미는 바로 앞에서 다룬 대양을 젓는 신화에서 대양에서 등장하여 비슈누의 부인이 되었고 그 즉시 모든 풍요와 부의 여신이 된 것으로 묘사되고 있다. 락슈미는 풍부한 자원을 지닌 땅 등, 인간이 열망하는 모든 것과 모든 성취를 표상한다. 따라서 신화에 등장하는 락슈미는 신들과 악마들의 노력에 대한 보상이 구체화된 것이다. 그녀는 부와 번성함의 여신일 뿐만 아니라 모든 노력에 대한 궁극적인 보상이다.

『뿌라나』에 나오는 락슈미 출현 당시의 묘사를 보면 "락슈미는 연꽃 위에 앉아 있었는데 그녀가 너무도 아름답게 보여 모든 이들이 그녀를 찬양하는 노래를 불렀다. 천상의 코끼리가 강가의 신선한 물을 그녀에게 쏟아 부었고 우유 대양은 그녀에게 소멸하지 않는 꽃으로 만들어진 화환을 주었다. 그리고 신들이 비슈누의 도움으로 불멸의 액을 악마들로부터 되찾아 모든 것이 이전과 같이 평온해졌을 때 인드라가 락슈미를 찬양하는 브라흐마 찬가를 불렀다. 이에 크게 만족한 락슈미는 자신에게 브라흐마의 찬가를 노래하는 누구도 저버리지 않을 것임을 약속했다." 이 찬가는 오늘날까지도 효과가 있다고 믿어져서 번성함을 원하는 이들 사이에서 매일같이 불려지고 있다.

비슈누의 아바따르 : 람과 끄리슈나

아바따르(Avatar 또는 아바따라) 사상은 신의 화신(化身, Incarnation) 개념으로 힌두 신앙에서 매우 중요한 위치를 차지하고 있다. 신의 화신 개념은 다른 문화권에서도 발견되는데 기독교의 성육신 개념이 그 한 예다. 범어로 '내려온 자'라는 뜻을 갖는 아바따르는 세상은 일정한 질서법칙에 의해 작동되며 그 질서체계가 손상되면 천상에 거처하는 신이 그것을 복원하기 위하여 다양한 형태를 취하고 지상에 내려온다는 관념이다. 이 사상은 비슈누, 쉬바 그리고 주요 여신들 모두와 관련되지만 특히 유지의 기능을 담당하는 신인 비슈누와 밀접하게 관련된다. 힌두 신화에 따르면 비슈누는 지상의 진리와 질서 또는 정의(다르마)가 오염 또는 쇠퇴될 때마다 인류를 구하기 위하여 여러 가지 형태를 취하고 지상에 나타난다고 한다.

그의 대표적인 10아바따르는 물고기 마쯔야(Matsya), 거북이 꾸르마(Kurma), 멧돼지 바라하(Varaha), 반인 반사자 나라심하(Narasimha), 도끼를 가진 빠라슈라마(Parashrama), 발라라마(Balarama), 전설적 영웅인 람, 끄리슈나, 불교의 창시자인 붓다 그리고 우주의 해체시기에 나타나게 될 깔끼(Kalki) 등이다. 역사적인 관점에서 이 사상의 등장을 설명해 보면 비슈누 신앙이 발전하면서 대중적인 신들을 포함하는 몇몇 신들의 속성이 그의 아바따르 형태로 비슈누 신앙에 흡수된 것으로 보인다. 현재 인도에서 비슈누만큼 아니 어쩌면 비슈누보다 더 대중의 사랑을 받고 있는 신은 다음에서 다룰 람과 끄리슈나이다. 그들은 『라마야나』와 『마하바라따』에서 영웅으로 등장한다.

람(Ram) : 이상적인 남성이자 완성된 인간의 상징

『라마야나』의 주인공인 람은 비슈누의 일곱 번째 화신으로 믿어지는 신이다. 인도 문화에서 이 람은 이상적인 왕의 상징이자 힌두 사상이 추구해온, 인간 속에 있는 신성을 실현한 완성된 인간의 상징으로 큰 사랑을 받아 왔다. 특히 람은 북인도에서 가장 유명한 아바따르이다. 기원전 4세기 무렵에 전설적인 인물인 발미끼(Valmiki)에 의해 쓰여졌다고 전해지는 『라마야나』는 문학, 연극, TV, 회화 등의 지속적인 주제로 그리고 뛰어난 도덕성의 모범으로 인도인들의 삶에 깊은 영향을 미쳤

람(인도 델리국립박물관).

고 인도네시아, 태국, 미얀마 등 동남아 지역으로도 전해져서 그곳에서 변형된 형태로 남아 있다. 이 이야기는 아주 길지만 여기서는 간략하게 핵심적인 부분만을 다루도록 하겠다.

람의 이야기 라마야나

용감하고 훌륭한 왕인 다샤라타(Dasharatha)가 꼬샬라(Kosala)의 수도 아요댜(Ayodhya, 현 인도 동북부 도시)를 지배하고 있었다. 그에게는 세 명의 왕비 꼬우샬랴(Kaushalya), 깨께이(Kaikeyi), 수미뜨라(Sumitra)가 있었지만 아이가 없었다. 왕은 아들을 얻기 위해 신들에게 아슈와메다(Ashwamedha)라는 희생제의를 드렸고 신들은 비슈누의 도움을 청하러 갔다. 그 결과로 람, 바라따(Bharata), 락슈만(Lakshman 또는 락슈마나) 등이 태어났다. 한편 비데하(Videha)의 자나까(Janaka) 왕이 밭에서 쟁기질을 하고 있는데 땅에서 어린 여자아이가 솟아났다. 그 아이에게 밭고랑이란 뜻의 시따(Sita)란 이름이 지어지고 그 아이는 락슈미의 화신으로 믿어졌다.

라마가 16살이 되었을 때 수행을 방해하는 악마들을 물리쳐달라는 성자 비슈바미뜨라(Vishvamitra)의 요청을 받고 락슈만과 함께 그의 수행처를 방문해 악마들을 물리쳤다. 그리고 나서 성자는 그들을 비데하의 왕인 자나까의 궁전으로 데리고 갔다. 그 왕은 그때 쉬바 신에게서 받은 놀라운 화살을 구부러 뜨리는 이에게 자신의 딸 시따와 결혼시키겠다고 선포해 놓고 있었다. 이웃의 많은 왕자들이 실패하고 말았지만 람은 그 화살을 부러뜨리고 시따와 결혼하여 아요댜에서 12년 동안 행복한 생활을 보냈다.

다샤라타 왕이 람을 후계자로 결정했다는 소식이 전해지자 시민들은 기뻐했다. 그러나 깨께이 왕비의 하녀인 만타라(Man-thra)는 바라따가 위험해질 것이라며 왕비를 설득해 이를 막도록 했다. 왕비는 전에 전쟁터에서 자신이 왕의 생명을 구해주었을 때 왕이 자신이 바라는 어떤 소원도 들어주겠다고 한 약속을 떠올리고 왕에게 가 자신의 아들 바라따를 왕위계승자로 정하고 람을 14년 동안 추방하도록 청했다. 왕은 온갖 방법으로 달래려 했으나 실패하게 되고 약속을 지키기 위해 람을 추방시키기로 결정했다. 람은 시따에게 아요댜에 남아 있도록 요청했지만 시따는 남편과 함께라면 어떤 어려움도 이겨낼 수 있다며 동행을 주장해 람과 시따 그리고 동행을 청한 락슈만이 숲으로 떠났다. 한편 왕은 람을 떠나보낸 슬픔으로 세상을 떠나고 뒤늦게 모든 사실을 알게 된 바라따는 람의 망명지를 방문하여 람이 왕위를 계승해야 한다고 요청했다. 그러나 람이 약속을 반드시 지켜야 한다며 사양하자 바라따는 하는 수 없이 아요댜의 통치를 떠맡게 된다. 하지만 그는 늘 람이 적법

한 왕이라고 생각했다.

람, 시따, 락슈만은 숲속에서 수행자의 삶을 살면서 많은 모험을 겪게 된다. 악마 라반의 여동생이 람에 반해 구애를 하다 거절당하자 라반이 부대를 보내 전투를 하게 되었다. 그러나 실패하자 라반은 람의 아내인 시따를 납치하는 것이 람을 물리치는 한 방법이라 여겨 람과 락슈만이 사냥을 나간 사이에 시따를 납치해 자신의 왕국이 있는 랑카(Lanka, 현 스리랑카)로 데려갔다. 라반은 시따의 사랑을 얻으려고 온갖 회유와 협박을 했지만 시따는 완강히 거절했다. 한편 사냥에서 돌아온 람은 시따가 없는 것을 보고 비탄에 잠겨 이리저리 찾아 헤매었다. 그러던 중 형제에게 축출당한 원숭이들의 왕인 수그리바(Sugriva)를 만나 그의 왕위 복귀를 돕고 그의 부하들의 도움을 받아 시따를 찾아 나섰다.

남부로 간 군대의 대장인 하누만이 해변에서 독수리 삼빠띠(Sampati)를 만나 시따가 랑카로 잡혀간 사실을 알게 되었다. 하누만은 바다를 건너 라반의 궁전으로 가 시따에게 람의 전갈을 전달하고 다시 람에게 돌아와 그간의 소식을 전했다. 람과 락슈만 그리고 하누만이 이끄는 원숭이 부대는 시따를 구출하기 위해 랑카로 향했다. 람 일행은 랑카로 가기 위해 해변가에 이르렀지만 건널 수가 없어 땅을 드러내 주도록 바다에게 요청하지만 바다는 대륙 사이의 패인 곳을 채우는 것이 바닷물의 다르마(의무)라며 이를 거절하고 대신 다샤족(Dashas)과 원숭이 부대가 함께 다리를 세우도록 조언했다. 다리를 만든

후 랑카에 도착한 람의 일행은 라반의 군대와 격렬한 전투를 벌인 끝에 승리하게 된다.

시따와 대면한 람은 그녀의 순결을 의심하며 "여성의 최고의 방어는 바로 그녀 자신의 행동이다. 당신이 라반의 가까이에 있었다는 사실이 내 명예에 먹칠을 했다. 내가 전투를 한 것은 당신을 사랑해서가 아니라 내 명예를 위한 것이었다"라고 말했다. 예상치 못했던 잔인한 말을 듣고 절망한 시따는 자신의 순결을 입증키 위해 화장의례에 사용되는 장작을 쌓아 불을 붙이게 했다. 그녀는 불에 들어가기 전에 자신의 결백을 주장하고 불의 신 아그니(Agni)에게 자신의 몸을 보호해 줄 것을 기원했다. 이에 신들이 천상에서 내려와 람에게 말했다. "모든 것의 주이며 세계의 창조주인 당신께서 당신의 배우자인 여왕이 불 속에 몸을 내던지게 할 수 있습니까? 최고 지혜로운 자인 당신께서 당신의 천상적 본질을 아직 깨닫지 못했습니까?" 또 브라흐마는 그가 라반을 물리치기 위해 화신한 비슈누이며 시따는 비슈누의 배우자인 락슈미임을 확인시켜 주었다. 그러고 나자 불 속에서 아그니 신이 나타나 시따를 들어 올려 람에게 건네며 그녀의 순결을 선언했다.

이후 람은 숲으로 돌아가 14년의 망명기간을 채우고 아요댜로 돌아가 왕위에 올랐다. 아요댜는 람의 통치로 평화와 번영의 시기를 보냈다. 사랑하는 짝을 잃고 괴로워하는 과부도 없었고 모두가 풍요로워 황폐한 집도 없었다. 가축들은 풍성하게 자라 번창했다. 땅은 그 결실을 친절히 제공해 주었고 아이들도 별 탈 없이 잘 자랐다. 결핍과 질병, 범죄가 없는 너무도 평온하고 행복한 시대였다. 그러나 이러한 행복의 상태가 영원히 지속되는 것은 아니었고 사람들은 다시 시따의 정절을 의심하기 시작했다. 이에 람은 시따로 하여금 숲에서 고행자의 삶을 살도록 했다. 임신하고 있던 그녀가 숲속 은둔처에서 쌍둥이 아들을 낳았고 그들이 성장하자 람에게 보냈다. 아들들을 본 람은 자신의 행위가 부당했음을 깊이 느끼고 어떤 대가를 치르더라도 그녀를 다시 왕비로 앉히기로 결심했다. 그럼에도 백성들의 의심이 풀리지 않자 람은 돌아 온 시따에게 사람들이 모인 곳에서 그녀의 결백을 주장하도록 요청했다. 이 시련까지는 견딜 수 없었던 시따는 자신을 낳아 준 땅에게 쉴 곳을 요청했다. 이에 땅이 열렸고 시따는 땅의 가슴으로 들

람(가운데), 시따, 락슈만(인도 델리국립박물관).

어갔다. 이후 람은 삶에 지치게 되었고 시간은 그에게 그의 임무가 끝났음을 알렸다. 그는 성스러운 강변으로 가서 몸을 버리고 천상의 집으로 올라갔다.

다르마에 대한 강조

인도사를 통해 람과 시따는 이상적인 남녀의 전형으로 제시되어 왔다. 남편에 대한 시따의 절대적이고 변함없는 충절과 순종은 가장 이상적인 여성의 자질로 찬양되고 있으며 오늘날까지도 시따가 가장 이상적인 여성상으로 제시되고 있다. 람의 이상적인 자질 — 남성적 강함과 충실함, 자기희생, 충실한 자기의무의 준수, 흔들림 없이 정도를 걸어가는 단호함, 자신에게 불이익을 가져다주는 이들에 대한 관대함, 어떤 상황에서도 평정함을 유지하는 것, 곤경 속에서도 위엄을 유지하는 것 등 — 은 그의 인격이 부정적인 면을 전혀 지니고 있지 않은 것에서 잘 나타난다. 람이 왕비인 시따에게 시련을 준 것이 종종 비난의 대상이 되기도 하는데 한 남자가 아닌 한 국가를 통치하는 왕이란 입장에서 람을 본다면 달리 해석할 수도 있다. 일례로 당시는 일부다처제가 유행했는데 여러 『라마야나』의 본에 따르면 그에게는 재혼 압력이 많았다. 특히 부인과 함께 행해야만 하는 말희생제의인 아슈와메다를 행할 때 더욱 그랬다. 그럼에도 그는 재혼하지 않고 시따의 금상을 만들어 그 의례를 행했다. 이는 그가 시따를 여전히 사랑했지만 왕으로서 통치를 위한 엄격한 규범을 세우기 위해 아내를 희생시킨 것임을 보여 준다. 이런 점으로 보아 람은 사회의 이상적인 규율과 규범을 표상하고 있다고 하겠다.

라마야나의 전 이야기를 통해 가장 중요하게 등장하는 주제는 우주와 사회질서의 토대가 되는 다르마의 준수이다. 이는 위에서 살펴보았듯이 람의 생애를 통해 잘 나타나고 있을 뿐만 아니라 여러 신화적 삽화를 통해서도 나타난다. 한 예로 람이 악마 라반에 의해 랑카로 납치된 그의 부인 시따를 구하기 위해 인도 남단에 도달했을 때 바다를 건너야 했다. 람은 자신들이 바다를 건널 수 있도록 바다에게 갈라지도록 요청했다. 그러나 바다는 마른 땅 사이의 파인 곳을 채우는 것이 자신의 다르마라며 원숭이 부대를 이용해 다리를 놓도록 권유했다. 바다는 람이 신의 화신임을 알았지만 자연의 법칙을 범하는 것에는 불복한 것이다. 이는 그 무엇도 자연의 법칙을 벗어나서는 안 되며 신마저도 이보다 우위일 수 없음을 시사해 준다.

또 강변의 한 수행처(Ashram)에서 한 성자가 제자들과 수행을 하고 있었다. 어느 날 성자가 목욕의례를 하기 위해 강으로 가다가 물쪽으로 기어가는 전갈을 보았다. 전갈이 헤엄을 치지 못한다는 것을 알았던 성자는 오른손으로 그 전갈을 집어 높은 바위에 놓았다. 그러자 전갈이 그의 오른손을 물었다. 목욕의례를 하고 돌아가던 성자는 바위에서 내려와 강으로 기어가는 전갈을 또 발견했다. 성자는 그것의 생명을 살리려고 이번에는 왼손으로 잡았다. 그러자 전갈은 또 그의 왼손을 물었다. 이 광경을 지켜보고 있던 제자들이 의아해하며 스승에게 왜 두 손을 다 물려가며 계속해서 전갈을 구해주려 하셨느냐고 물었다. 스승은 "전갈은 전갈의 다르마를 따랐고 나는 나의 다르마를 따랐을 뿐이다. 위협을 느낄 때 무는 것은 전갈의 본성이고 인간의 진정한 본성은 생명체를 구하는 것이다"라고 대답했다. 여기서 다르마는 모든 존재의 자연적인 본성으로도 제시되고 있다.

인도 신화가 보여 주고 있는 다르마와 관련된 또 다른 주제는 모든 생명체에 대한 존중과 인간과 자연의 상호조화 및 공존을 추구하는 것이다. 따라서 신화에는 동물이나 식물 등의 자연물이 신과 연관성을 지니는 모습으로 자주 묘사된다. 인간과 동물 사이의 동료관계를 나타낸 대표적인 예로는 람과 원숭이 하누만의 관계를 들 수 있다. 람은 악마를 물리치는 임무를 달성하는 과정에서 동물들의 도움을 받는다. 특히 원숭이의 왕인 수그리바의 추종자인 하누만이 가장 충실한 신봉자가 되어 람을 도와 악마를 물리치게 한다. 이러한 신화적 설명이 시사하는 바는 자연 특히 생명체와의 상호의존적이고 조화로운 관계없이 인간의 최고 목표를 달성할 수 없고 신과 인간과 자연이 하나의 유대관계를 지니고 있다는 사실을 이해할 수 없다는 것이다.

끄리슈나(Krishna) : 신성한 사랑의 상징

람이 덕성만을 보여 주고 수단도 목적만큼 중요시하는 등

끄리슈나(인도 델리국립박물관).

삶의 보다 긍정적인 면을 표상하고 있다면 삶을 그 전체성으로 표상하는 화신은 여덟 번째 화신인 *끄리슈나*이다. *끄리슈나*는 또 다른 인도의 대서사시인 『마하바라따』의 영웅으로 긍·부정적인 측면을 모두 지닌 인물로 그려진다. 람이 인간이 어떠해야 하는지를 보여 준다면 *끄리슈나*는 실제의 인간이 어떠한가를 보여 준다고 할 수 있다.

인도에서 *끄리슈나* 신앙의 첫 번째 증거는 기원전 4세기에서 2세기 사이의 문헌이나 예술품에서 나타난다. 그는 델리 남부에 있는 마투라(Mathura)에서 태어나고 후에 구자라트 주에 있는 드와라까(Dwaraka)를 통치한 인물이었던 것 같다. 그의 영웅적인 모험이 그를 야다브족(Yadavs)의 영웅이자 수장으로 만들고 이 야다브의 영웅이 종교적 신앙의 지도자가 되어 바가바뜨(Bhagavat)로 신격화된 것 같다. 힌두교도의 바이블이라고 할 수 있는 『바가바드기따 *Bhagavadgita*』는 이름을 여기서 따왔다. 『마하바라따』의 한 부분인 「기따」에서 *끄리슈나*는 완벽한 동맹자이자 목적에 충실한 인물로 나타난다. 그러나 언제나 덕스러운 것은 아니어서 때때로 장난기 넘치고 비도덕적이며 기만적이기도 하다. 기원 후 초기 몇 세기 동안 그의 명성이 높아지면서 다른 신들의 행동이 그의 속성으로 귀속되었다. 인도에서 500~1,500년 사이에 번성했던 봉헌주의적 유신론 운동인 박띠(Bhakti) 운동의 주요 신인 그는 신성한 사랑의 구체화이자 신성한 놀이(Lila)의 가장 장난기 있는 표현이기도 하다. *끄리슈나*의 형상은 다양해서 어린이, 소년, 젊은 연인, 전사, 왕, 성자 *끄리슈나* 등이 있다.

신화에 의하면 *끄리슈나*는 바수데바(Vasudeva)와 데바끼(Devaki) 사이에서 여덟 번째 아이로 태어났다. 그러나 그의 외삼촌 깐사(Kansa)가 자기 누이의 여덟 번째 자식이 자신의 적이 될 것이라는 예언을 듣고 그가 태어나면서부터 여러 가지 방법을 동원해 그를 살해하려 했으나 실패했다. 그리고 오히려 *끄리슈나*가 성장하여 악의 힘인 깐사를 살해하고 마투라의 왕이 되었다. 그의 생애는 깐사를 살해할 때까지 출생지에서의 삶, 마하바라따 전투에서의 위대한 역할, 드와라까에서의 체류와 독재자로 변하면서 자기 가족구성원들을 살해하는 시기로 구분할 수 있다.

어린 시절의 *끄리슈나*는 개구쟁이이자 장난꾸러기로 묘사된다. 그는 버터와 우유를 아주 좋아해 때로는 우유를 훔치는 것으로도 묘사된다. 『스리마드바가바드 *Srimadbhagavad*』에 따르면 그는 만 마리 이상의 암소를 기르고, 버터와 우유가 풍부한 집에서 자랐다. 그런데 왜 어린 *끄리슈나*는 다른 집에서 버터를 훔쳤을까? 그 이유는 깐사와 그의 군대가 모든 우유, 버터, 커드 등을 먼저 먹은 후에 백성들에게는 남은 것을 먹게

했기 때문이다. 이는 우유와 커드가 주산물인 지역에서는 부당한 명령이었다. 또 그의 초인적인 힘을 보여 주는 유명한 일화가 있는데 고버르단(Goverdhan) 언덕을 들어올린 일이다.

이 언덕은 구름과 비의 신인 인드라(Indra)를 숭배하는 브라즈(Vraj) 사람들의 숭배 대상이었다. 끄리슈나가 그의 동포들에게 인드라를 숭배하지 말고 언덕을 더 돌보라고 하자 인드라가 분노하여 브라즈 지역에 거대한 물줄기를 쏟아 붓기 시작했다. 그러자 끄리슈나가 작은 손가락으로 언덕을 들어 올려 비를 막는 보호처를 만들어 브라즈 사람들을 보호했다. 이로 해서 사람들은 안전했고 인드라의 분노가 그들에게 전혀 영향을 미치지 못했다. 끄리슈나의 이 행동으로 많은 찬양자들이 생겨났고 그는 젊은이들 사이에서 영웅이 되었다. 인드라와의 갈등 이야기는 시대적 변화에 따른 다른 신앙 사이의 갈등과 신앙 대상의 변화를 신화적으로 묘사하는 것으로 보인다.

끄리슈나는 아름다운 여인 고삐(Gopi)들과의 사랑 이야기와 아름다운 피리 연주로도 유명하다. 신화에 의하면 끄리슈나는 샤라드 뿌르니마(Sharad Purnima, 11월 즈음의 만월)에 즐겨 찾는 숲속의 장소로 가서 피리를 불기 시작했다. 그 신성하고 달콤한 선율이 마을 목동의 아내나 딸인 고삐들의 귀에 이르렀다. 그들은 그 매혹적인 소리에 홀려 집안일, 우는 아이들, 토라진 남편들을 남기고는 그 음악소리를 따라 야무나 강둑으로 달려갔다. 그리고는 밤새도록 끄리슈나와 빙빙도는 열정적인 춤을 추었다. 그는 동시에 모든 고삐들의 춤 파트너가 되어 춤을 추었다. 그래서 고삐들은 그가 많은 형태를 취할 수 있다고 생각했다. 이 격정적인 춤의 장관을 보기 위해 신들과 죽은 이들이 지상으로 내려 왔다. *끄리슈나*는 이 황홀한 춤이 절정에 달할 때 사라지곤 했다. *끄리슈나*는 모든 고삐와 가까웠지만 그가 가장 좋아하는 고삐는 결혼한 여성인 라다였다. 라다와 *끄리슈나*는 영원한 연인의 상징이 되어 왔다. 고대부터 현대에 이르기까지 시인들은 이들의 아름다운 사랑 이야기를 시로 써왔고, 이 사랑의 주제는 노래와 회화로도 만들어졌다. 신에 대한 헌신적인 사랑을 강조하는 인도의 박띠 사상에 근거해 보면 *끄리슈나*의 모든 신봉자들이 신성한 연인인 *끄리슈나*의 연인들이라고 할 수 있다.

라다와 끄리슈나(델리의 힌두 사원).

쉬바(Shiva) : 파괴와 재생의 신

양면적인 성격의 신

쉬바는 비슈누와 더불어 가장 대중적이고 널리 숭배되는 신이다. 그는 마하데브(Mahadev 또는 마하데바)와 샹까르(Shankar 또는 샹까라)로도 불리는데 힌두 판테온에서 가장 복합적인 성격을 지니고 있는 신이다. 파괴적이면서도 창조적이고, 정적이면서도 역동적이고, 금욕적이면서도 에로틱하다. 쉬바는 『베다』에 나오는 루드라(Rudra)의 특성과 유사하다. 그러나 힌두 삼위일체신론에서는 파괴와 해체의 기능을 담당하는 신으로 제시된다. 따라서 그는 자비롭고 이로운 속성만을 지니는 비슈누와는 대조적으로 두렵고 무서운 성격도 지니고 있다.

마하요기로서의 쉬바(인도 엘로라의 까일라사 석굴사원).

그는 이마에 있는 세 번째 눈에서 나오는 불로 파괴를 행한다.

　일반적으로 부정적인 의미를 담고 있는 파괴나 해체가 신과 관련된다는 점에 의아해할 수도 있다. 그렇다면 힌두 사상에서 파괴나 해체가 갖는 의미는 무엇일까? 인도의 순환적인 시간관에 의하면 이 세계는 창조와 유지, 해체의 과정을 되풀이하는데 이 우주의 순환에서 창조된 것은 엄격한 법칙에 의해 해체될 수밖에 없고 그 역할을 담당할 존재가 필요해진다. 그것이 쉬바이다. 이런 점에서 쉬바는 우주의 파괴력 또는 해체력의 인격화라고 할 수 있다. 따라서 힌두 사상에서 파괴나 해체는 결코 부정적인 의미만을 지니고 있는 것은 아니다. 인도인들에게 죽음이 새로운 형태의 삶으로 전이되는 것을 의미하듯이 파괴나 해체는 새로운 창조로의 전이를 의미하기 때문이다.

특기할 만한 사실은 유독 쉬바만이 신상보다는 링가(Linga)라 불리는 돌기둥으로 숭배된다는 점이다. 이 링가는 우주의 모체 또는 근원적 생명력으로서의 쉬바를 상징한다. 이와 관련하여 일부 학자들은 링가가 본래 토착신앙에서 생식력을 상징하는 남근상이었을 것으로 추정한다. 즉 재창조와 재생산을 상징한다고 할 수 있는데 특히 쉬바의 이 측면이 대중의 사랑을 널리 받고 있다. 따라서 쉬바는 파괴력을 상징하는 파괴의 신인 동시에 창조력과 관련되는 재생과 풍요의 신이기도 하다. 요컨대 그는 양면적이고 모순적인 성격을 지닌 대표적인 신이다. 이러한 특성은 모든 상반되는 것을 일원론적 관점에서 수용하는 힌두 종교문화의 특성을 가장 잘 반영하고 있기도 하다. 파괴의 신에게 주어진 이름이 '상서로운 자', '좋은 자'라는 의미의 '쉬바(Shiva)'라는 점은 그래서 눈여겨볼 만하다.

쉬바가 지닌 이런 양면적인 성격은 쉬바가 세속에서 초연한 채 해탈을 위해 요가수행에만 몰두해 있는 마하요기(Maha-yogi)이자 동시에 우주의 창조와 해체에 적극적으로 참여하는 나따라자(Nataraja)로 상징화되는 데서도 잘 나타난다. 『쉬바 뿌라나 *Shiva Purana*』에는 쉬바의 양면적인 성격과 행동을 보여 주는 많은 주제와 이야기들이 나오는데 히말라야 산에서 수행하는 위대한 요기이자 결혼한 가장인 쉬바에 관한 신화를 간략히 살펴보기로 하자.

쉬바의 결혼 신화와 '금욕적 가장'

본래 쉬바는 자신의 창조적 에너지인 샥띠(Shakti, 우주의 여성적 원리 또는 우주의 창조력)와 떨어져 있었다. 그때 그는 근원적 실재인 순수의식이었고 존재와 비존재를 넘어서 있었다. 그러나 쉬바와 샥띠가 결합하면서 풍부한 속성과 형태를 지니게 되어 스스로를 창조, 유지, 파괴 임무를 행하는

쉬바와 빠르바띠(인도 델리국립박물관).

브라흐마, 비슈누, 쉬바(루드라) 형태로 나타냈다. 그리하여 창조주인 브라흐마는 닥샤(Daksha)를 비롯한 아들들과 딸들을 창조하고 그의 마음에서 나온 사랑의 신 까마(Kama)에게 모든 남과 여를 사로잡아 영원한 창조를 수행할 임무를 주었다. 그런데 쉬바는 히말라야의 까일라사(Kailrasa) 산으로 가서 세상사에 초연한 채 요가에만 몰두하고 있어 브라흐마는 더 이상 창조를 진행시킬 수가 없었다. 그래서 샥띠인 여신에게 여성의 모습으로 나타나 쉬바의 고행을 깨고 그와 결혼해 줄 것을 간청했다. 그리하여 여신은 닥샤의 딸 사띠(Sati)로 태어나게 되었다.

평범한 인간과 같이 성장한 사띠는 쉬바를 남편으로 갈망

하여 고행을 하고 있었다. 이때 브라흐마와 비슈누는 쉬바를 찾아가 자신들이 창조와 유지의 임무를 수행하기 위해 결혼을 했으므로 쉬바도 그리해야 한다고 간청했다. 그러나 쉬비는 절대적인 지식을 추구하고 있는 자신에게 결혼은 굴레라며 거절했다. 그래도 신들의 계속적인 간청이 이어지자 우주의 이로움을 위하여 자신이 요기일 때는 사띠도 요가 수행자가 되고 사랑을 원할 때는 사랑스런 여인이 되어야 한다는 두 가지 조건을 붙여 승낙을 했다.

그 후 25신년 동안 즐거운 결혼생활을 보낸 후 사띠가 자신의 아버지인 닥샤가 남편 쉬바를 모욕한 것에 분노하여 닥샤의 희생제의 불에 뛰어들어 자살을 하고 다시 샥띠로 돌아갔다. 쉬바는 사띠의 죽음으로 매우 상심해 있었고 신들과 세상의 모든 것들도 아수라 따라까(Taraka)의 위협으로 고통을 당하고 있었다. 고통을 없애고 세상을 유지시키기 위해서는 따라까를 살해할 쉬바의 아들이 필요했다. 그리하여 신들은 여신 샥띠에게 다시 여성으로 태어나 쉬바의 아내가 되어줄 것을 간청하였다. 이에 여신은 산의 신 히말라야와 닥샤의 딸 메나(Mena) 사이에서 빠르바띠(Parvati)로 태어났다. 그녀는 실연의 고통을 잊으려고 고행을 통해 초월상태에 들어가 있던 쉬바에게 다가가 시중을 자청했다. 그녀의 오랜 시중에도 쉬바는 명상에만 몰두해 있었다. 이에 브라흐마는 사랑의 신 까마를 보내 쉬바의 심장에 사랑의 화살을 쏘게 해서 그의 마음을 움직이려 했다. 그러나 쉬바는 이에 분노하여 그의 이마에 있는 세 번째 눈에서 불을 뿜어내어 까마를 재로 만들어 버렸다.

한편 빠르바띠는 쉬바를 남편으로 얻으려는 갈망에서 고행 (Tapas)을 행하고 있었는데 거기서 나오는 열로 인해서 삼계가 뜨거워지게 되었다. 이에 신들이 쉬바에게 다시 결혼을 간청했지만 그는 결혼은 까마를 소생시켜 고행을 방해할 것이라며 거절했다. 하지만 쉬바는 신들의 끈질긴 간청과 찬사에 못 이겨 가장 끊기 힘든 속박인 결혼에 전혀 관심이 없음에도 숭배자들에 대한 애정 때문에 결혼을 승낙했다. 결혼식이 거행될 때 브라흐마는 빠르바띠의 아름다움에 매혹되어 자신의 정액을 흘리고 말았다. 이에 쉬바는 전 우주가 크게 흔들릴 정도로 크게 분노하였지만 신들의 간청으로 누그러졌다. 브라흐마의 정액은 몇 개의 방울로 변하여 거기에서 수천 명의 성자들이 탄생되었다. 이에 신들이 쉬바를 찬양하고 결혼식이 무사히 끝나게 되자 까마가 다시 살아나고 쉬바는 빠르바띠와 함께 그의 거처인 까일라사로 돌아갔다.

이 신화에서 나타나는 여러 상호 대립적인 행위, 즉 초연한 요가 수행과 결혼 그리고 까마의 파괴와 소생의 주체는 바로 쉬바이다. 이러한 모순적인 성격을 지니는 쉬바를 '금욕적 가장'으로 상징화시키고 있다. 세속생활에는 전혀 무관심한 채 수행에만 몰두하는 쉬바의 행동은 창조의 진행을 막고 또 세상을 파괴의 위험에 방치시키기도 한다. 이러한 상태의 쉬바는 완전한 순수의식 상태이다. 그런데 창조를 위해서는 이 완전함의 상태가 깨어져야 한다는 모순이 나타난다. 때문에 창조의 역할을 맡은 브라흐마가 쉬바의 고행을 깨려는 시도를 하게 된다. 그리하여 완전한 하나인 쉬바로부터 그의 창조 에너지이며 우주적 여성원리인 샥띠가 구체적인 여성의 모습으로 나옴으로써 남녀의 이원적 분리와 그 결합에 의한 창조가 가능하게 된다.

또한 마하요기로서의 쉬바는 까마를 통해 자신을 유혹하려는 브라흐마의 시도에 맞서 까마를 재로 만들어 버린다. 재는 창조와 반대되는 파괴 또는 죽음을 상징한다. 그러나 쉬바는 세상의 이로움과 숭배자들을 위해 여신과의 결혼을 받아들인 후 까마를 소생시킨다. 이 신화의 구조는 창조와 파괴가 서로 대치되는 상황과 그것의 잠정적인 해결이 순환을 이루며 되풀이된다. 잠정적인 해결책이 바로 요기이면서 동시에 까마인 금욕적인 가장이다. 이렇게 보면 이 신화에서 상반되는 두 요소는 기능상의 차이일 뿐 그 본질은 동일한 것으로 이해되고 있다. 바로 이러한 관념이 앞서 언급했던 힌두 사상의 기저에 있는 일원론적 관점이다.

또 신화가 당대의 사회·종교적 가치체계를 반영하고 있다고 볼 때 이 신화가 의미하는 바를 역사, 사회적인 맥락에서도 살펴볼 필요가 있다. 이 신화가 실려 있는 힌두 신화집인『뿌라나』가 형성된 시기는 전통적으로 사회질서의 보존과 유지, 즉 다르마를 강조해온 고대 힌두교(브라흐만교)가 당시 세상을 초탈하여 해탈을 추구하는 경향이 확산되는 것에 대응하여 종교적 가치(해탈)와 사회적 가치(다르마)를 균형 있게 종합시킨 후기 힌두교로 자신을 재정비했을 때이다. 금욕적 가장은 이 힌두 사상의 상징적 표현이라고 할 수 있다. 『뿌라나』에 관해 박사학위 논문을 쓴 하즈라(Hazra, 1936 : 29)는 『뿌라나』의 저자들은 인도인들이 무절제하게 고행생활을 떠나는 것을 견제하고 다르마를 확립하기 위해 결혼하여 자식을 낳는 신이나 위대한 인물의 이야기를 『뿌라나』에 삽입시켰다고 주장한다. 금욕적이면서도 에로틱한 분위기를 자아내는 쉬바의 이 신화는 종교적 성취와 사회적 의무의 준수, 세상의 부정과 긍정 간의 긴장을 해결하려는 대표적인 신화로 지적할 수 있다.

춤의 왕 나따라자(Nataraja)

링가 이외에 쉬바의 대표적인 상징은 춤의 왕인 나따라자이다. 나따라자의 상은 네 개의 팔과 두 개의 다리를 지니고 역동적인 춤동작을 하고 있다. 쉬바의 우주적 춤은 그의 창조, 유지, 파괴 행위를 상징한다. 나따라자는 위 오른손에 들고 있는 작은북의 일정한 리듬에 맞춰 춤을 춤으

나따라자(인도 델리국립박물관).

로써 우주를 창조하고 균형을 유지한다. 위 왼손의 반달 포즈는 궁극적으로는 세계를 파괴시키고 나서 우주의 물로 꺼지게 되는 불꽃을 잡고 있다. 그래서 북을 잡고 있는 손과 불을 잡고 있는 손이 창조력과 파괴력의 균형을 이루고 있다.

나따라자 상을 에워싸고 있고 상으로부터 방출되는 거대한 불꽃 광휘는 춤추는 신의 거대한 에너지에 의해 유지되는 삶과 죽음의 지속적인 과정을 나타낸다. 그의 몸을 휘감고 있는 코브라는 풍요의 상징이다. 호랑이 가죽으로 된 허리에 걸친 옷(힘 상징), 이마의 눈(정신집중), 많은 팔 등은 창조된 질서를 유지하는 쉬바의 임무를 의미한다. 아난다 딴다바(Ananda Tandava)로도 알려진 이 춤에는 삶이란 상반되면서도 상호 의존적인 선과 악 그리고 삶과 죽음의 지속적인 과정이 역동적으로 균형을 이루고 있는 것이라는 믿음이 반영되어 있다.

두르가(Durga)와 깔리(Kali) : 독립적인 여신

쉬바의 배우자로는 사띠, 빠르바띠(또는 Uma), 안자나(Anja-na), 강가, 두르가, 깔리 등을 꼽을 수 있다. 사띠나 빠르바띠 등은 쉬바에게 순종적인 여신들이다. 사띠는 자신의 아버지가 남편인 쉬바의 명예를 모독한 것에 분노하여 희생제의 불에 몸을 던져 자신을 희생시킨 여신이다. 일부 학자들은 인도의 전통관습 가운데 과부 화장제인 사띠의 기원을 이 신화적 사건과 연관짓기도 한다. 이 사띠 여신의 가장 유명한 화신이 쉬바에게 헌신적인 아내이며 자애로운 빠르바띠이다. 빠르바띠와의 사이에서 아들인 가네샤(Ganesha)와 까르띠께야(Kartikeya 또는 Skanda)가 태어나고 안자나와의 사이에서 하누만이 태어났다. 하누만의 경우 쉬바의 아들이기는 하지만 실질적으로는 비슈누의 아바따르인 람과 더 밀접한 관련을 갖는다.

이에 비해 두르가나 깔리는 독립성이 강한 여신으로 나타난다. 일부 여신들은 5~13세기에 걸쳐 일반적인 배우자 여신들과는 달리 보다 독립적이고 독자적인 숭배 대상으로 부각되었다. 형식상 쉬바의 부인인 두르가 혹은 깔리가 이 범주에 속하는 대표적인 여신이다. 이들은 독자적으로 숭배되기 때문에 배우자인 쉬바와의 관계가 상당히 약한 편이다.

힌두 사상에 의하면 여신은 샥띠의 상징화이다. 그런데 샥띠는 창조의 원천인 무한한 창조력이자 우주의 유지력인가 하면 무시무시한 파괴력이기도 하다. 즉 인도 문화에서 여성의 힘은 강력하고 신성한 것이면서 동시에 두려움의 대상으로 인식되어 온 것이다. 따라서 남신들과 결혼하여 남신에게 헌신적이고 보조적인 역할을 담당하는 쉬바의 부인 사띠나 빠르바띠, 비슈누의 부인 락슈미 그리고 브라흐마의 부인 사라스와띠 등이 풍요롭고 자애로운 존재로 인식되고 아름답고 자애로운 형태로 묘사된다면 표면적으로는 쉬바의 부인이기는 하지만 독자성이 강한 두르가나 깔리 등은 주로 도전적이고 강력한 파괴자의 성격이 부각된다.

독자적으로 숭배되는 이 여신들은 자신들의 목적을 달성하기 위해 남신들을 이용할 정도로 강한 힘을 지녔다. 이들 독립적인 여신들의 성격은 매우 복합적이고 양극적이다. 창조적인가 하면 거칠고 파괴적이며 성적으로 강력한 성격을 지니고 있다. 이러한 독립적 여신인 마하데비(Mahadevi, 위대한 여신)

숭배는 특히 중세에 융성한 밀교에서 두드러지는데 밀교에서
마하데비는 남신보다 우월하거나 최소한 동등하게 나타난다.

두르가 : 강력한 여전사

두르가는 힌두 여신 가운데 가장 숭배 받는 여신이라 할 만
하다. 소수 여신들을 제외하고 거의 모든 여신들이 두르가의
여러 형태로 믿어질 정도이다. 그녀는 많은 형태를 취하는데
그 중 아홉 형태가 중요하
게 언급된다. 몇 예를 들
어보면 조용하고 우호적
인 방식으로는 가우리(Ga-
uri), 음식을 주는 자로는
안나뿌르나(Annapurna),
무시무시한 형태로는 챤
디(Chandi)와 깔리, 용서를
주는 자로는 따라(Tara) 등
으로 형상화된다. 특히 아
쌈, 벵갈, 데칸 지역에서
주요 모신으로 숭배되지
만, 인도 전역에서 두르가
의 상이나 이미지들이 발
견될 만큼 그녀에 대한 신

두르가(인도 델리국립박물관).

앙은 보편적이다. 그녀의 신화적인 역할은 우주의 안정을 위협하는 악마들을 물리치는 일이다. 때문에 두르가는 많은 손에 무기를 들고 사자 위에 앉아 있는 전쟁신으로 묘사된다. 신화에서 강력한 전사인 두르가는 남신들이 패퇴시킬 수 없는 악마가 우주를 위협하는 위기상황에서 여신이 지닌 강력한 힘으로 악마를 물리친다. 그녀는 전쟁터에서 악마에 대항해 싸울 때 많은 여성 보조자를 창조해 내는데 가장 대표적인 인물이 바로 깔리이다. 그녀는 남신들의 도움 없이 여성들만의 힘으로 늘 승리를 거두는 것으로 묘사된다. 이와 관련된 신화를 살펴보기로 하자.

옛날에 마히사(Mahisha)라는 매우 강력한 악마가 있었다. 그는 자신의 대단한 힘으로 인드라, 수리야(Surya), 찬드라(Chandra), 야마(Yama), 바루나, 아그니, 바이유(Vayu) 그리고 다른 신들을 제거하고 자신이 신들의 우두머리가 되었다. 그리고는 천상에서 모든 신들을 추방해 버렸다. 그리하여 신들은 평범한 생명체들처럼 지상에서 배회하기 시작했다. 마침내 그들은 비슈누, 브라흐마, 쉬바에게 가서 자신들의 상황을 이야기하고 피난처를 청했다. 그러자 비슈누와 쉬바의 입에서 대단한 광휘가 나오고 이어서 브라흐마, 인드라, 찬드라, 야마의 입에서도 같은 광휘가 나왔다. 그 빛들이 합쳐져 여신 두르가가 되었다. 그리고 세 주요 남신들이 그 여신에게 자신들의 무기를 주자 그것을 받아 든 여신은 삼계에 울려퍼지는 커다란 소리로 포효했다. 이 소리를 들은 마히샤가 소리 나는 곳을 찾아 달려왔다. 그가 여신 가까이 다가갔을 때 신성한 은총이 퍼져 나오는 강력한 여신을 보고 놀라고 말았다. 그녀의 천개의 팔이 그가 우주의 어느 곳으로도 들어오지 못하게 막았다. 당황한 그는 여신과 싸우기 시작했다. 두르가가 타고 있는 무시무시한 사자가 수많은 악마의 군대들을 파괴시켰고 14명의 유명한 악마 지도자들이 살해되었다. 이리 되자 악마들의 수장인 마히샤가 거대한 버팔로, 코끼리, 무시무시한 인간, 기타 등등의 형태를 취하면서 공격해 왔다. 그러나 결국은 강력한 두르가에 의해 살해되었다. 신들은 기뻐 여신을 찬양하며 축복을 간청했다. "오, 위대한 여신이시여! 우리가 어려움에 처할 때마다 우리를 구원해 주러 오겠다고 약속해주셔야 합니다. 당신의 이 찬가를 신실한 봉헌으로 듣는 모든 이들도 그들의 문제에서 자유롭게 되어야 하고 모든 종류의 부와 행복을 부여받아야 합니다." 여신은 그렇게 하겠다고 대답하고 사라졌다.

두르가는 악마로 상징되는, 우리 삶에 존재하는 모든 부정적인 것을 파괴하는 여신이다. 그래서 어려움과 위험에 처해 있을 때 두르가에게 구원을 간청한다. 또 두르가는 여러 면에서 전통적인 힌두 여성 이미지와는 큰 차이를 보인다. 남신에게 복종적이지도 않고 가사를 돌보지도 않는다. 두르가를 창조하기 위해 남신들이 자신들의 내적인 힘인 불을 포기한 예에서 볼 수 있듯이 오히려 두르가는 자신의 목적을 수행하기 위해 남신들의 힘을 이용하기도 한다.

독립적인 전사로 전쟁에서 남성과 대항해 싸우는 두르가의 역할에서도 알 수 있듯이 그녀는 인도 여성의 전통적인 역할에서 벗어나 남성보다도 우월한 역할을 담당한다. 남성의 보호와 지도에서 벗어나 독립적으로 자신의 임무를 완수하는 두르가의 모습에서, 전통 힌두율법서가 제시하는 순종적인 여성상에 도전하는 새로운 여성상을 읽을 수 있다. 그리고 실제로 현재 인도에서 강력한 여성상을 추구하는 힌두 근본주의 여성단체들이 두르가를 그들 운동의 상징으로 사용하고 있고, 일부 여성주의 단체들 역시 두르가의 또 다른 화신인 깔리를 사용하고 있다.

깔리

깔리는 두르가의 맹렬한(사나운) 측면이 인격화된 것이라 할 수 있다. 깔리로서 두르가의 이미지는 인도 동부 특히 벵갈 지방에서 널리 숭배되어 왔다. 깔리는 남신과는 무관하게 독립적인 신으로 취급되지만 남신과 관련되는 경우가 있다면 늘 쉬바와 관련된다. 그러나 이때에도 쉬바의 반사회적이고 파괴적인 경향을 누그러뜨려 사회와 가정의 영역으로 끌어들이는 빠르바띠와는 달리 쉬바가 우주의 안정을 위협하는 위험스럽고 파괴적인 행위를 하도록 자극하는 역할을 하는 경우가 많다.

여러 신화에서 악마를 물리치는 깔리의 맹렬하고 파괴적인 성격은 쉬바를 압도한다.

『뿌라나』에 따르면 깔리는 악마인 슘부(Shumbhu)와 니슘부(Nishum-bhu)와의 전투에서 악마를 물리치고 승리한 후에 너무나 즐거워서 죽음의 춤을 추기 시

깔리(Syracuse 대학 도서관).

작했다. 살인적인 황홀경 속에서 그녀는 계속해서 파괴를 했다. 모든 신들이 간청을 했지만 그녀를 조용하게 할 수가 없었다. 그녀를 설득시킬 수 있는 방법이 없음을 알아차린 쉬바는 살해된 악마들의 시신들 가운데 누웠다. 깔리는 자신이 남편의 몸 위에서 춤을 추고 있는 것을 알아차리고는 슬픔과 놀라움으로 혀를 밖으로 내놓았다. 그녀는 놀라 이런 자세로 한참을 있었다. 이것이 깔리가 붉은 혀를 내밀고 있는 모습으로 묘사되는 이유이다.

이러한 깔리의 속성은 무시무시한 외모로 형상화된다. 일반

적으로 숭배되는 상의 형태는 네 팔을 가진 검은 색의 여성상으로 한 발은 누워 있는 쉬바의 가슴에, 다른 발은 그의 허벅지(또는 땅)에 두고 서 있는 모습이다. 좀더 구체적으로 설명하자면 검은 피부에 벌거벗은 채 긴 머리를 내려뜨리고 있고 악마를 살해하고 얻은 악마들의 머리로 만든 목걸이와 그들의 손으로 만든 허리띠를 두르고 있다. 때로는 아이들의 시체로 된 귀고리를 하고 있는 경우도 있다. 네 손 중 하나는 축복을 표시하는 손 자세를 하고 있고, 나머지는 각각 굽은 칼, 악마의 머리, 무기(흔히 창) 등을 들고 있으며, 핏빛 혀를 쭉 내밀고 있는데 그녀의 혀에서 몸으로 피가 흘러내리고 있다. 깔리는 주로 전쟁터나 화장터에 나타나는데 그녀는 노획물의 뜨거운 피를 마신다. 실제로 신봉자들은 그녀에게 희생제물을 바친다.

하누만(Hanuman) : 신에 대한 헌신적 봉헌의 표상

원숭이 형상을 하고 있는 하누만은 비슈누나 쉬바 그리고 람이나 끄리슈나에 비해 지위가 낮은 하위 신이면서도 대중적으로 많은 사랑을 받고 있다. 아마도 하누만이 원하는 바를 빨리 얻게 해준다고 믿기 때문인 듯하고 그와 관련한 수많은 설화들도 그의 높은 인기를 증명해 준다. 그는 전 인도에 걸쳐 숭배되고 있지만 특히 북부에서 인기가 있다.

하누만은 본래 부족신이었다가 시대의 필요에 따라 아리아인들에게 받아들여졌을 가능성이 크다. 그의 상은 전체가 붉은 칠이 칠해져 있는데, 이는 아리아인들의 것이 아닌 토착민들의 관행이다. 신을 동물 형태로 숭배하는 것 역시 오랫동안

어린 하누만.

지속되어온 관행이고 지금도 인도의 많은 지역에 퍼져 있다. 그는 『라마야나』에서 자신이 섬기는 신인 람이 어려움에 처할 때마다 가장 헌신적이고 충실하게 봉사한다. 이 점에서 하누만은 신에 대한 헌신적인 사랑을 의미하는 박띠의 구체화이자 이기심 없는 희생적인 봉사의 표상이라고 할 수 있다. 그래서 하누만은 그가 지닌 신체적인 힘, 민첩성 그리고 도덕성과 헌신적인 충성심의 상징이 되고 있다. 이러한 그의 특성을 보여 주는 신화적 스토리를 하나 살펴보자.

『라마야나』에서 람의 일행이 랑카로 가기 위해 바다 위에 다리를 만들 때 곰들과 원숭이들이 온갖 돌과 언덕, 나무 등을 날랐다. 그들은 매우 강력했고 그 수가 수천을 헤아렸기 때문에 다리는 매우 빠른 속도로 세워지고 있었다. 특히 하누만은 히말라야에서 바위와 언덕을 실어 나르고 있었는데, 그때 한 아름다운 언덕을 발견했다. 그는 그것을 들어올리려 했지만 움직일 수가 없었다. 언덕의 무게에 놀라워하며 하누만이 언덕에게 말했다. "왜 나와 함께 가려하지 않나? 이건 람을 위한 일이다. 다른 모든 언덕처럼 다리를 만드는 일에 참여해야 한다. 너는 최고의 주(主)를 만나게 될 것이다." 이 말을 듣고 언덕은 람을 만나보려는 목적으로 자신을 가볍게 해서 하누만이 자신을 쉽게 들어올려 나르게 했다. 그러나 도중에 잠바뜨(Jambat)를 만나 다리가 다 만들어졌고 언덕이나 바위가 더 이상 필요하지 않으며, 람이 다리건설을 위한 물건들을 더 이상은 가져오지 말도록 명령했다는 소식을 들었다. 이 말에 하누만이 멈춰서자 언덕은 '네가 강력한 주인 람에게 데려다 준다고 약속했기 때문에 신성한 히말라야를 떠난 것'이라며 화를 냈다. 이에 하누만은 생각에 잠겼다. 람의 명령이 있었는데 어찌 언덕을 나를 수 있으며 더욱이 언덕은 람에게 데려간다는 조건으로 동의를 한 것인데 그렇게 하지 못한다면 약속을 깨는 것이 된다. 그는 언덕에게 그곳에서 기다려 줄 것을 요청하고 람에게 날아가서 상황을 설명했다. 이에 람은 언덕이 있는 위치를 묻고는 언덕에게 이렇게 전하도록 말했다. "다리가 완성되어 여기에는 필요치 않으니 내가 드와빠라 시대에 올 것인데 그때 나를 그에게 보여 줄 뿐만 아니라 그것을 내 손으로 들어 올려 경의를 표할 것이다." 하누만은 고버르단이란 그 언덕에게 가서 이 전갈을 전했다. 그리고 람은 드와빠라 시대에 끄리슈나 형상으로 화신해서 그 언덕과의 약속을 지켰다.

여기서 람에 대한 하누만의 충성심 이외에 강조되고 있는 중요한 신화적 주제는 역시 다르마이다. 이 이야기에서는 하누만과 신이 언덕에게 한 약속을 지키는 것으로 묘사되고 있다. 신마저도 약속을 깰 수 없는 것으로 묘사될 만큼 인도 사상과 문화 그리고 사회에서 다르마가 중요성을 지니고 있음을 알 수 있다.

하누만은 또한 모든 악의 세력을 막아주는 보호자로 믿어져서 어떤 새로운 시도를 할 때나 건강과 성공을 위해 숭배된다. 이와 관련하여 모든 장애를 제거하는 자 또는 모든 문제에서 구해주는 자를 의미하는 그의 또 다른 인기 있는 이름인 상까뜨모찬(Sankat-Mochan)은 그의 특성을 잘 말해 준다. 그는 신화에서 모든 악의 파괴자이자 모든 고난의 추방자로 기술된다. 람에게 좋은 소식을 전하고 람이 만난 장애와 고난을 제거한 그의 능력은 그를 어려움을 겪고 있는 모든 이들의 연인으로 만들었다. 인도 교육이 빠르게 서구화되고 있음에도 불구하고 인도에서 가장 서구적으로 보이는 학생들도 시험에 앞서 그의 숭배일인 화요일과 토요일에 하누만 상 앞에서 예배를 드린다.

한편 여러 신화에서 하누만은 샹까르(쉬바), 바람의 신 바이유, 원숭이 족장인 케사리 이렇게 세 아버지와 원숭이 족장의 딸인 안자니를 어머니로 갖고 있는 것으로 묘사된다. 이 가운데 샹까르 곧 쉬바가 아버지로 서술되는 신화를 통해 신화의 제작이 시대의 상황에 따라 변하고 있는 측면을 살펴보기로 하자. 『쉬바 뿌라나』와 다른 경전들에 따르면 신들과 악마들이 대양을 저어 불멸의 액을 얻기 위해 싸울 때 비슈누가 악마들의 정신을 분산시키기 위해 아름다운 여성인 모히니(Mohini)

로 가장하고 나타났다.

그런데 이때 상까르가 그녀의 아름다움에 매혹되어 성적 욕망이 강하게 일었다. 그래서 그녀를 쫓다가 너무 이르게 사정을 해버렸다. 그러자 모히니는 사라졌다. 그러나 위대한 성자들과 예언자들이 상까르의 귀중한 씨앗을 낭비할 수 없다고 여겨 잎으로 만든 컵에 그것을 모아 담았다. 그리고 그것을 원숭이 족장의 딸인 안자니의 자궁에 심었고 그래서 하누만이 태어났다. 하누만이 이렇게 상까르의 씨앗에서 태어났기 때문에 상까르의 아들이란 뜻의 샹까르수반(Shankarsuvan)이라고도 불린다. 이 신화에서 하누만은 비슈누나 쉬바와 모두 관련이 된다. 이는 역사적으로는 쉬바파와 비슈누파의 갈등이 증가하는 것을 해결하기 위한 타개책으로 신화가 작성되었음을 시사해 준다.

여러 문화권의 신화들은 많은 영웅신화들을 포함하고 있다. 어떤 인물은 지역 영웅들이 신격화된 것이고 어떤 인물들은 필요한 상황에 의해 만들어진 것이다. 하누만 역시 그 대표적인 한 예로 볼 수 있다. 하누만은 새롭게 창조되거나 기존에 인식되던 내용을 신격화시켰을 가능성이 크다. 본래 하누만은 범어로 된 문헌에서는 지능 있는 존재로 다루어졌을 뿐 신으로 간주되지는 않았다. 신으로서의 하누만은 중세 시기부터 중요성을 얻었다. 뚤시다스(Tulsidas)의 저서 『스리람짜리뜨마나스 *Sriramaritmanas*』의 출현으로 북부, 중부, 서부 인도 전역에서 인기 있는 신이 되었다.

샥띠, 즉 모신숭배를 제외하면 비슈누파와 쉬바파는 특히 북부와 중부 인도에서 대중들에게 큰 영향을 미치면서 2대 종파를 형성하고 있었는데 두 종파의 신봉자들 사이의 경쟁은 많은 유혈 사태를 초래하기도 했다. 그러자 힌두 신앙을 지키려는 이들이 이 균열을 없앨 방안을 심사숙고하게 되었고 뚤시다스는 그 중 한 사람이었다. 그의 글에서 하누만은 샹까르의 아들로 태어났지만 아버지를 만난 적이 없고 계속해서 람에게 봉사를 한다. 이는 쉬바파와 비슈누파를 통합시키려는 시도였다고 할 수 있다.

가네샤(Ganesha) : 장애를 제거하는 신

인도에서 원숭이 신인 하누만과 함께 동물의 형상으로 숭배되고 있는 주요한 신이 바로 인간의 몸에 코끼리의 머리를 하고 있는 가네샤이다. 흔히 가나빠띠(Ganapati)라는 이름으로도 불리는 가네샤는 쉬바와 빠르바띠의 첫 번째 아들로 알려져 있고 쉬바와 관련되는 기타 신들

가네샤(인도 델리국립박물관).

가운데 가장 유명하다. 그는 새로운 시작의 신이자 장애를 제거하는 신으로 믿어져서 힌두교도들은 모든 예배나 의식은 물론 사업 시작, 여행, 집짓기 등과 같은 중요 세속사를 할 때도 가네샤에 대한 예배로 시작한다. 이는 장애를 제거하는 그의 역할 때문으로 보인다. 그는 또한 지혜와 부의 신으로도 숭배된다. 현 힌두교에서는 대체로 모든 종파들이 그를 숭배하고 있고 사원이나 가정 사당, 특히 기업 건물 등에 주요 신으로 또는 다른 신들과 함께 모셔져 있다.

가네샤 역시 아리아인들이 인도로 들어오기 이전부터 있었던 토착인들의 신이었고 아리아인들이 인도에서 정착해가는 과정에서 그들의 만신전에 수용되어 힌두교의 주류에 편입된 것으로 보인다. 아리아인들이 초기에 그를 악하고 해로운 존재로 인식하다가 후에 그의 성격이 '악의 있는'에서 '장난기 있는', '온화한' 그리고 '상서로운 길조'의 의미로 바뀌는 과정이 이를 입증해 준다.

그는 배가 불뚝 나온 사람의 몸에 코끼리의 머리를 하고 있고 보통은 팔이 넷인 형상을 하고 있는데 차끄라바띠(Chakra-vati 1991)는 가네샤 형상의 상징적인 의미를 다음과 같이 설명하고 있다. 코끼리의 거대한 머리는 모든 영적인 지혜를 담고 있고 그의 길고 굵은 코는 진리와 거짓을 식별하는 능력을 가지고 상황에 적응하는 유연한 지성을 의미하며 불뚝 나온 큰 배는 마음의 만족을 의미한다. 세 손에는 각각 삶의 즐거움에 대한 우리의 집착이 우리를 속박한다는 것을 의미하는 밧

줄, 그 속박을 끊는 것을 의미하는 도끼, 무한한 지고의 기쁨인 자유를 의미하는 스위트 등을 들고 있고, 펴고 있는 한 손은 축복의 표시를 하고 있다. 가네샤는 힌두 신들 가운데 가장 무게가 무거운 신이면서도 작은 쥐를 탈것으로 지니는 재미있는 신이기도 하다. 그의 탈것인 쪼그리고 앉아 있는 쥐는 욕망으로 흔들리는 변덕스러운 마음을 의미한다. 그럼에도 마음은 일정한 수행을 통해 영적 자유의 경지에 이르는 매개가 된다. 쥐와 가네샤 크기의 대비는 유한한 마음과 무한한 영적 지혜의 대비라고도 할 수 있다.

가네샤의 탄생 신화

가네샤의 탄생은 혼돈스럽고 모순적이다. 『뿌라나』는 그의 탄생이나 형성에 대한 여러 이야기를 제공해 준다. 쉬바가 장애를 제거해 줄 신을 원하는 신들의 간청에 못이겨 빠르바띠에게서 탄생시켰다는 이야기, 가네샤가 본래 인간형상을 한 끄리슈나의 아바따르였는데 심술궂은 혹성 샤니가 이 아름다운 아이를 바라보고 아이의 머리를 날아가게 하고 코끼리의 머리를 이식시켰다는 이야기, 함께 놀고 있는 코끼리들을 바라보고 있던 쉬바와 빠르바띠가 스스로 코끼리 형태를 취하고 노닐다가 가네샤를 낳았다는 이야기 등 여러 가지가 있다. 이 이야기들은 주로 그가 코끼리 머리를 한 반인반수의 형태를 하게 된 이유를 설명하고 있다. 가장 인기 있고 일반적으로 받아들여지는 이야기는 쉬바와 빠르바띠 사이에 태어난 아들이라는 이야기이다.

어느 날 마하데비인 빠르바띠가 두 여자 친구와 거닐고 있었다. 그 친구들은 빠르바띠의 배우자인 쉬바가 시간의 지배자인 마하깔라(Maha kala)이기 때문에 아무 때나 여자들이 있는 거처에 들어와 아주 난처한 경우가 많은데 모든 심복부하(Gana)들이 그에게 속해 있기 때문에 어찌해볼 도리가 없다고 불평을 해댔다. 그들은 여성들에게도 사생활이 필요할 때가 있다고 말했다. 빠르바띠는 자신이 목욕을 하고 있을 때 쉬바가 불쑥 들어와 민망했던 기억을 해내고 그들의 불만을 이해했다. 모든 문지기들이 쉬바의 통솔 아래 있었으므로 빠르바띠는 자신들의 거처를 지킬 소년을 자기 몸의 부분인 비듬으로 만들어내 지키도록 하고 목욕을 하며 휴식을 취했다.

그때 샹까르(쉬바)는 거처인 까일라사에서 나가 있었다. 그는 돌아오자마자 빠르바띠의 방으로 달려갔다. 그러나 손에 철퇴를 든 한 소년한테 제지를 당하였다. 그는 "내가 누군지 아느냐? 나는 빠르바띠의 남편이고 이 지역의 통치자이다. 나는 전 우주를 자유로이 왕래할 수 있다. 나를 막는 너는 누구냐?"라고 물었다. 소년은 나의 어머니가 목욕 중에는 누구도 들지 말도록 했다고 대답했다. 이에 화가 난 쉬바는 "그렇다면 내가 너의 아버지인데 왜 나를 막느냐?"고 소리쳤다. 그래도 소년은 어머니의 허락이 있을 때까지는 그럴 수 없다고 버텼다. 이에 격노한 쉬바는 심복부하들, 즉 가나들을 소집해 그 소년을 설득하도록 했다. 이것도 통하지 않자 그들은 그 소년과 싸우기 시작했고 소년이 던지는 못박힌 쇠몽둥이(철퇴)에 맞아 상처를 입어 피해야 했다.

이때 우연히 까일라사를 방문한 우주의 성자 나라드(Narad)가 이 이상한 사건을 보고 급히 천상으로 돌아가 창조주 브라흐마와 다른 신들에게 알렸다. 이에 브라흐마가 그 소년에게 가서 설명하자 그 소년은 오히려 브라흐마의 수염을 장난스레 잡아당겼다. 그래도 브라흐마가 계속 주장하자 철퇴를 브라흐마에게 던져 그를 다치게 했다. 이 소식을 전해들은 쉬바와 비슈누는 천상의 거대한 군대를 이끌고 그 소년에게 갔다. 먼저 비슈누가 다가가자 그 소년은 치명적인 무기를 던져 응수하고 비슈누가 뒤로 물러났다. 이에 쉬바가 전면에 나서 새로운 공격을 시작했다. 그러자 그 소년은 두려워하지 않고 철퇴를 던져 쉬바의 활을 부러뜨렸다. 이에 분노가 폭발한 쉬바가 그의 유명한 삼지창을 던져 그 소년의 머리를 쳐냈다.

소년의 몸통에서 머리가 떨어질 때 무시무시한 소리가 났다. 이 소리는 너무 강력해서 즐겁게 목욕을 하고 있던 빠르바띠가 놀라 달려 나왔고 그녀는 자기 아들의 머리가 잘린 것과 그간의 일들을 알게 되었다. 분노한 그녀는 즉시 강력한 십만 군대를 만들어 천상의 존재들을 공격하도록 명령했다. 이 중요한 순간에 나라드가 앞으로 나와 찬가를 불러 분노한 빠르바띠를 달래기 시작했다. 한참 만에 다소 누그러진 빠르바띠에게 나라드는 혼동으로 그녀의 아들이 살해 되었고 그는 악마와 신들 사이에서도 이제껏 본 적이 없는 가장 강력한 존재였다고 말했다. 그리고 모두가 그의 죽음 을 애도하며 어찌해야 그녀의 자애로운 애정을 다시 받을 수 있는지 물었다. 그러자 빠르바띠는 자신의 아들을 되살 려서 모든 천상의 존재들 가운데 그를 으뜸가는 신으로 선 언하라고 대답했다. 자신이 아들의 머리를 자른 것을 알게 된 쉬바는 같은 날 같은 시간에 태어난 존재를 찾아오도록 해서 그것의 머리를 소년의 몸에 이식시켜 그를 소생시켰 다. 그 존재가 바로 코끼리였다. 그리고 쉬바는 그를 자신의 부대인 가나(Gana)들의 우두머리로 선언함으로써 가네샤 (Ganesha)로 알려지게 되었다.

하누만의 경우에서도 알 수 있었지만 인간의 신체와 동물의 신체가 결합되어 있는 반인반수형의 신상은 신과 인간과 자연 이 동일 연속체의 일부임을 보여 주며, 모든 생명체의 근본적 인 통일성을 강조하는 힌두 사상을 나타내고 있다. 또한 토착 신앙의 대상들을 힌두교로 수용해 가는 과정을 읽을 수 있다.

강가(Ganga) : 인도 문화의 상징, 강의 여신

인도에는 지금까지 다룬 주요 신들보다 중요성이 덜하지만 그러나 중요한 신들이 수를 헤아리기 힘들 만큼 많다. 모든 마을에는 마을의 지방신이나 여신들이 있다. 그러한 여신들 가운데 우두머리가 쉬딸라(Shitala, 차가운 자)인데, 타밀 지방에서는 마리얌만(Mariyamman, 죽음의 어머니)으로 불리기도 한다. 이 여신은 천연두의 여신으로 예방과 치료, 특히 아이들을 위해 숭배된다. 이들 지역신들 이외에도 많은 반신과 정령들이 있다. 인도에 널리 퍼져 있는 뱀의 꼬리를 가진 반인(半人) 뱀정령 나가(Naga)에 대한 숭배는 인도 전 지역에서 많은 부족들이 추종하던 토착 뱀 숭배에서 유래되었을 것으로 보인다. 야크샤(Yaksha)는 특히 꾸베라(Kubera) 신과 연관되는 일종의 난장이 또는 요정인데 서력기원 이전에는 이들에 대한 숭배가 널리 퍼져 있었으나 점차 힌두교의 주요 신들이 널리 숭배됨에 따라 그 중요성이 약화되었다.

또한 힌두교도들은 자연을 신이 드러난 모습이거나 신들이 거처하는 곳으로 인식하여 신성시해 왔다. 그래서 힌두교도들의 숭배 대상은 신들과 반신들에 국한되지 않고 동식물, 자연물 등이 신격화되기도 한다. 예컨대 코끼리, 소, 원숭이, 새, 보리수, 소마 등의 동식물과 강가, 야무나, 히말라야 등의 강과 산 그리고 태양, 달 등의 천체 등도 신격화되어 숭배된다.

동물 중에는 특히 암소가 신성시되지만 암소 여신은 없다. 한편 황소인 난디(Nandi)는 쉬바의 탈것으로 존경받는데 대부분의 쉬바 사원에서 이 난디 상이 발견된다. 산도 신성을 지니는데, 특히 세계의 중심으로 믿어지는 신비의 산인 메루(Meru) 산의 산기슭인 히말라야 산맥이 신성시되고 있다. 힌두교도들은 메루 산의 주변, 천상에 이르는 산들 위에 신들이 산다고 믿는다. 그래서 히말라야의 여러 봉우리들이 비슈누나 쉬바의 거처로 믿어져 신성시된다. 특히 쉬바의 산인 까일라사는 오랫동안 순례지로 각광받아 왔다. 강 역시 신성시되는데 특히 강가가 그러하다. 강가는 비슈누의 발에서 솟아 나와 은하수 형태로 하늘을 흘러 쉬바의 헝클어진 머리타래를 타고 땅으로 떨어진다고 믿어진다. 강가는 그 지류인 야무나와 함께 독자적인 여신으로 신봉되기도 한다. 이 가운데 인도인들의 정서와 문화에 깊이 영향을 미쳐온 강가에 대해 다뤄보기로 한다.

강가(인도 바라나시 다샤슈와메드 가트에 있는 작은 강가 사당).

성스러운 강

인도 아대륙에 있는 강들 가운데 일곱 개의 강이 신성시되는데, 특히 강가는 가장 신성시되며 인도인들의 깊은 사랑을 받아 왔다. 인도인들에게 강가는 천상에서 유래된 성스러운 물줄기일 뿐만 아니라 인도인들의 심성을 형성시키고 있는 문화적 흐름, 즉 인도의 영원한 유산이자 움직이는 역사이다. 그들에게 강가는 신비하고 고요하며 모든 것을 받아들여 용해시키는 인도 문화의 특성을 그대로 간직하고 있는 상징물이다. 때문에 네루는 강가가 인도의 유구한 문화와 문명의 상징이라고 언급하기까지 했다. 그만큼 강가는 인도인들에게 아주 특별한 의미를 지니는 강이라고 할 수 있다. 아마도 강가만큼 그토록 깊은 존경과 사랑과 봉헌이 바쳐지는 강을 세계 어느 곳에서도 발견하기 힘들 것 같다. 그럼 여기서 가장 잘 알려진 강가의 하강 신화를 먼저 살펴보고 이야기를 계속해 나가기로 하자.

태양 왕조인 수리야밤사(Suryavamsha)의 사가르(Sagar) 왕이 말희생제의를 드릴 때 희생제물로 바칠 말을 풀어놓고 그의 6,000명의 아들들로 하여금 자신의 지배 하에 있던 여러 왕국들의 영토에서 그 말이 달리는 대로 보호하며 따르도록 했다. 그런데 인드라가 시기심에서 그 말을 훔쳐 지하 영역인 빠딸라(Patala)로 데려가 대성자 까삘라(Kapila)의 명상처 근처에 묶어 놓았다. 말을 찾아 나섰던 아들들이 까삘라를 범인으로 오인하여 무례하게 공격하자 그는 분노하여 그들을 재로 만들어 버렸다. 아들들이 돌아오지 않자 사가르 왕은 손자 안슈만(An-shuman)을 보냈다. 까삘라에게 와서 모든 사실을 알게 된 손자는 성자에게 경배를 올렸다. 이에 만족한 성자는 안슈만의 손자가 천상에서 강가 물을 내려오게 해 그 성수로 정화의례를 행하면 재로 되어버린 조상들을 구원할 수 있을 것이라고 축복을 내렸다.

그의 손자인 바기라트(Bhagirath)가 왕이 되자 그는 이 축복을 실현하기 위해 왕좌를 버리고 히말라야로 갔다. 그리고 천상을 흐르고 있는 강가 여신에게 지상으로 내려오도록 오랜 기간(천 년) 고행을 하며 간청했다. 그러나 강가는 오만하게 말했다. "누구도 천상에서부터 땅으로 떨어지는 나의 낙하력을 완화시킬 수 없다. 오히려 나는 내 가파른 무게 때문에 땅을 뚫고 들어가 지하세계로 미끄러질지 모른다. 그리고 왕의 목적은 결코 이루어질 수 없을 것이다."

　그래도 바기라트의 간청이 계속되자 강가 여신은 쉬바를 설득해 그의 머리에 강가의 흐름을 받아서 하강의 영향을 완화시키도록 하면 된다고 조언했다. 왕은 쉬바 신에게 강가의 낙하 영향을 지탱해달라고 고행하며 간청했다. 쉬바는 그의 청을 받아들였다. 그러나 강가가 쉬바의 머리로 떨어질 때 강가가 그에게 정중한 예를 보이지 않자 이에 화가 난 쉬바가 자신의 땋은 머리타래 안에 강가 물을 여러 해 동안 가둬 두었다. 강가가 땅에 이르러 그것이 죽은 조상들의 뼈를 쌓아 놓은 곳, 즉 강가 사가르(강가가 바다와 만나는 지점)에까지 이르기를 원했던 바기라트는 다시 쉬바에게 강을 풀어주도록 간청했다. 그러자 강가가 땅으로 흐르기 시작했다. 그리고 마침내 사가르에 도착해 6,000명의 조상들의 재를 깨끗이 정화시키자 그들의 영혼이 구원되었다.

정화력의 원천이자 천상에 이르는 계단

　인도인들에게 강이 신화화되고 인격화돼서 그 중요성이 더

욱 부각되고 있는 점은 참 흥미롭다. 신화가 말하고 있듯이 인도인들에게 강가는 생명력과 정화력의 원천일 뿐만 아니라 천상과 지상을 연결해 주는 장소이기도 하다. 또한 인도 종교의 핵심 개념인 생과 사의 지속적인 흐름, 즉 윤회를 상징하기도 한다. 이 점에서 강가는 복합적인 의미를 지니는 문화상징이라고 할 수 있다. 실제로 힌두교도들은 강가 물에 몸을 담그면 모든 오염과 죄를 씻을 수 있고 강가에서 죽음을 맞이하면 천상이나 해탈에 이를 수 있다고 믿는다. 때문에 강가는 번영과 구원을 부여하는 어머니 강가(Mother Ganga)로 불리며 신과 동일시되어 왔다. 그리고 강가가 흐르는 주요 지점에 신성한 도시가 건설되었다.

강가는 히말라야(Gangotri, 보다 정확하게는 Gomuk)에서 발원하여 하리드와르(Haridwar)에서 평야 지역으로 접어들고 지금의 알라하바드(Allahabad) 근처의 쁘라야그(Prayag)에서 야무나 강과 만난다. 이 합류점, 즉 상감(sangam)이 특히 신성시되어 지금도 길일이면 수많은 힌두교도들이 목욕의례를 하기 위해 전국에서 이곳으로 모여든다. 꿈바멜라(Kumbhamela) 축제가 바로 이 시기이다. 12년마다 돌아오는 대꿈바멜라가 최근(2001년 1월)에 열렸는데 이때 8,000만 명 정도가 그 상감에 모였었다고 한다. 신화와 힌두교도들의 믿음에 의하면 이때 강가와 야무나 그리고 신화적으로 존재하는 사라스와띠 강이 합류된다고 하여 특별히 신성시된다.

앞서 살펴보았듯이 힌두교도들은 강가가 천상에서 발원한

강이라고 믿는다. 따라서 강가는 때로 '천상에 이르는 계단'으로 불리기도 한다. 힌두 문화에서 계단이나 다리는 초월을 상징한다. 이런 의미에서 인도인들의 순례장소인 '띠르타(Tirtha)'는 고통스러운 윤회의 강을 건너 강 저편의 피안, 즉 신들의 거처인 천상계나 윤회로부터 완전히 자유로운 해탈의 경지로 보다 수월하고 안전하게 '건너가는 장소'를 의미한다(Eck 1981 : 323-24). 그러나 인도인들이 강가를 찾는 보다 일반적으로 이유는 강가 물이 모든 오염과 악을 씻어내는 강한 정화력을 지닌다는 믿음 때문이다. 즉 그들은 현세에서의 고통 없는 행복한 삶을 위하여 강가를 찾는 것이다.

살아 있는 신화의 보고(寶庫) 인도 신화

　　지금까지 힌두 신화의 특성과 몇 가지 두드러진 주제를 중심으로 신화에 나타난 인도 사상을 살펴보았다. 인도 문화가 지니는 신화적 풍부함을 고려한다면 지금까지 다룬 내용들에 보완할 부분이 적지 않다. 특히 인도 문화에 풍부하게 살아 있는 여신 신앙과 그 신화들 그리고 인도인들의 종교적 이상이자 문화적 이상인 완전한 자유의 실현, 즉 해탈의 주제를 지면상 충분히 다루지 못했다. 그러나 앞서도 언급했듯이 여기서 살펴본 주제들은 인도 신화를 이해하는 데 있어 핵심적인 요소를 대부분 포함하고 있다. 우주와 인간의 관계를 일원론적 관점에서 이해하는 것, 우주와 인간 삶의 끝없는 반복을 말해주는 순환적 시간관, 사회와 우주의 유기적 질서체계를 유지하려는 강한 경향과 모든 생명체를 존중하는 생태주의적 삶의 태도, 신과 악마의 투쟁신화에서 읽을 수 있는 영웅적 삶의 이상 등은 인도 신화와 인도 문화를 특징짓는 요소들이다. 이 가운데 특히 다르마에 대한 강조가 두드러진다.

인도 사상과 문화에서 다르마는 이 지상에서 생명을 보존하길 원하는 모든 존재를 위한 행위규범이다. 우주의 구성요소인 물질계, 동물계, 인간계가 서로 균형을 이루며 상응하고 있기 때문에 인간과 자연 그리고 사회가 투쟁이 아니라 조화로운 양태로 어우러져야 한다는 것이다. 존재하는 모든 것 속에 동일한 본성과 질서가 있다고 보는 인도 사상의 일원론적 또는 우주론적 관점은 모든 우주적 존재의 조화로운 공존을 추구한다는 점에서 오늘날 주목을 받고 있는 생태주의 사상과 맞닿아 있다. 근래에 자연과 더불어 살 것을 주장하는 생태주의 책이 잇달아 출간되고 있는데 이러한 현상은 이제까지 우리를 지배해 왔던 경쟁과 정복의 삶의 방식을 벗어나 조화와 공존의 삶의 방식을 추구하려는 현대인의 열망과 관련되는 것으로 보인다. 경쟁과 정복은 그 속성상 폭력을 수반하고 그로 인해 파괴와 고통이 유발될 수밖에 없기 때문이다. 이런 점에서 인도 신화는 오늘날의 우리에게 시사하는 바가 적지 않다.

또한 힌두 신화는 신화와 역사의 관계에 대해서도 생각하게 한다. 필자가 인도에 있을 때 만났던 베나레스 힌두 대학(BHU)의 뜨리빠티(Tripathi) 교수의 말은 이 관계에 대한 인도인들의 관점을 잘 보여 주고 있다. "인도에서 『라마야나』나 『마하바라따』를 이띠하사(Itihasa)라고 부르는데 이 말을 굳이 번역하자면 서구의 '역사'에 해당한다. 그러나 이것이 의미하는 바는 '이전에도 그러했듯이 지금도 그러하다'이다. 람에 의해 악마 라반이 살해되었듯이 우리 속에 있는 악인 무지를 우리 스스로 없앨 수 있으며, 그 일이 지금 여기 내게 일어나지 않는다면 신이나 종교적 스승을 따르는 것이 도대체 무슨 의미가 있겠는가. 이것이 바로 인도 종교나 철학의 핵심이며 그런 의미에서 인도에서 역사는 죽은 과거가 아니라 살아 있는 역사이며 서구와 달리 고대와 현대 사이에 간격은 존재하지 않는다."

그의 이러한 지적은 우리가 흔히 신화와 역사를 대립적으로 구분하는 서구적 관점을 인도 신화에 그대로 들이대는 오류를 범하지 말라는 의미를 담고 있다. 인도에서 신화적 진리는 반복되고 있을 뿐만 아니라 지금도 여전히 만들어지고 있기 때문이다. 우리가 살펴본 아바따르 사상을 좋은 예로 들 수 있다. 힌두교의 전개과정에서 아바따르는 다양한 신앙들을 힌두교의 주류에 통합시키는 중요한 기능을 해왔고 현재도 그러한 기능을 수행하고 있는 것으로 보인다. 차이딴야(Chaitanya), 라마끄리슈나(Ramakrishna), 사이바바(Saibaba) 등과 같이 근 현대에 등장한 주요한 종교적 인물들이 신의 아바따르로 해석되면서 힌두교의 성자적 신들로 수용되어 왔다. 현재 인도에서 명성을 크게 얻고 있는 인물인 사이바바는 그의 사진이 인도 가정집이나 여러 상점 등에서 신들의 상이나 사진과 나란히 놓여 있을 만큼 신성시되고 있다. 뛰어난 자질을 지닌 실제 인물에 대한 신격화는 마하뜨마 간디(Mahatma Gandhi)의 예에서도 볼 수 있다. 이와 관련하여 인도학자 챠뚜르베디(Chaturvedi 1996, Krishna : 61)는 인도 사람들은 뛰어난 자질을 지닌 일반인들까지도 신격화시키는 재주가 있는데, 이는 우리가 누군가를 뛰어난 인물로 간주하게 되는 순간 그에게 가까이 다가가려는 내적 동기에서 비롯되는 것이며 아바따르 이론은 이러한 심리에 기반을 둔다고 분석하고 있다. 인도에서 신화화의 과정은 지금도 이렇게 지속되고 있는 것이다.

필자는 지난 2002년 1월에 강가 여신을 다룰 때 언급했던, 알라하바드(옛 Prayag)에 있는 강가와 야무나 강이 만나는 지점인 상감을 찾았었다. 그곳은 그로부터 꼭 1년 전에 꿈바멜라 축제가 열려 8,000여 만 명이 모였던 장소였다. 그때 마침 상감에서는 사라스와띠를 기리는 봄 축제인 바산뜨빤챠미 축제가 열리고 있어서 목욕의례를 하기 위해 찾아온 수많은 사람들로 북적이고 있었다. 신성하다고 믿는 물에서 아주 짧은 시간 동안 목욕의례를 하기 위해서 인도 전역에서 힘겹고 고된 먼 길을 찾아드는 그들을 바라보면서 과연 종교적 믿음과 행위란 무엇인가에 대해 생각해보았다. 그들에게 있어 강 특히 신성시되는 두 강이 합류하는 지점은 너무도 중요한 의미를 지니고 있었다. 그들에게 신화는 살아 있는 것이었고 그들은 신화적 삶을 살고 있었다. 오늘날의 이성과 과학의 관점에서 바라본다면 이러한 신앙은 단순한 미신일 수도 있다. 실제로 참여자의 절대 다수가 낮은 계층의 가난한 사람들로 보였고 그곳 알라하바드 대학에서 만난 인류학과 교수 역시 이러한 믿음과 신앙행위를 무지의 소산이라고 설명했다. 신화적 이야기와 그것에 대한 믿음은 단순히 상상의 산물이거나 허구일 수도 있다. 그리고 사실과 실제의 문제는 아주 중요하다. 그러나 우리가 또한 간과하지 말아야 할 점은 신화적 상상과 그것에 대한 믿음과 행위를 통해 이루어지는 삶의 모습 그리고 그러한 삶이 내포하는 의미와 기능의 문제이다. 모름지기 종교란 초월에의 지향이 아니겠는가. 그리고 이것 역시 실제로 존재하는 하나의 사실이기 때문이다.

참고문헌

류경희, 「신화와 상징연구에서 의미의 외면적 차원과 내재적 차원의 문제」, 서울대학교 석사학위 논문, 1985.

하인리히 짐머, 『인도의 신화와 예술』, 평단문화사, 1984.

Bhattacharji, S., *The Indian Theogony*, Delhi, Motilal Banarsidass, 1998.

Chakravati, S.S., *Hinduism : A Way of Life*, Delhi, Motilal Banarsidass, 1991.

Chaturvedi, B.K., "Brahma", *God and Goddesses of India 2*, Delhi, Books for All, 1996.

Chaturvedi, B.K., "Krishna", *God and Goddesses of India 10*, Delhi, Books for All, 1996.

Eck, Diana L., "India's Tirtha: "Crossings" in Sacred Geography", *History of Religions*, vol.20, no.4, 1981.

Hazra, R.C., "Studies in the Puranic Records on Hindu Rites and Customs", Dacca Univ., 1936.

Kinsley, David, *Hindu Goddesses*, Delhi, Motilal Banarsidass, 1987.

O'Flaherty, W.D.(ed), *Hindu Myths*, Penguin, 1975.

Wilkins, W.J., *Hindu Mythology*, New Delhi, Rupa & Co., 1994.

프랑스엔 〈크세주〉, 일본엔 〈이와나미 문고〉, 한국에는 〈살림지식총서〉가 있습니다.

📖 전자책 | 🔍 큰글자 | 🔊 오디오북

인도신화의 계보

펴낸날	초판 1쇄 2003년 7월 15일
	초판 9쇄 2022년 12월 1일

지은이	류경희
펴낸이	심만수
펴낸곳	(주)살림출판사
출판등록	1989년 11월 1일 제9-210호

주소	경기도 파주시 광인사길 30
전화	031-946-1350　　팩스 031-624-1356
홈페이지	http://www.sallimbooks.com
이메일	book@sallimbooks.com

ISBN	978-89-522-0109-6　04080
	978-89-522-0096-9　04080 (세트)

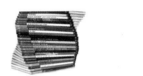

384 삼위일체론 eBook

유해무(고려신학대학교 교수)

기독교에서 믿는 하나님은 어떤 존재일까? 성부 하나님과 성자 예수, 그리고 성령이 계시며, 이분들이 한 하나님임을 이야기하는 삼위일체론은 기독교 교회가 믿고 고백하는 핵심 교리다. 신구약 성경에 이 교리가 어떻게 나타나 있으며, 초기 기독교 교회의 예배와 의식에서 어떻게 구현되었고, 2천 년 동안의 교회 역사를 통해 어떤 도전과 변화를 겪으며 정식화되었는지를 일목요연하게 정리했다.

315 달마와 그 제자들 eBook

우봉규(소설가)

동아시아 불교의 특징은 선(禪)이다. 그리고 선 전통의 터를 닦은 이가 달마와 그에서 이어지는 여섯 조사들이다. 이 책은 달마, 혜가, 승찬, 도신, 홍인, 혜능으로 이어지는 선승들의 이야기를 통해 선불교의 기본사상을 이해하도록 돕는다.

041 한국교회의 역사 eBook

서정민(연세대 신학과 교수)

국내 전체인구의 25%를 점하고 있는 기독교. 하지만 우리는 한국 기독교의 역사에 대해서 너무나 무지하다. 이 책은 한국에 기독교가 처음 소개되던 당시의 수용과 갈등의 역사, 일제의 점령과 3·1운동 그리고 6·25 전쟁 등 굵직굵직한 한국사에서의 기독교의 역할과 저항, 한국 기독교가 분열되고 성장해 왔던 과정 등을 소개한다.

067 현대 신학 이야기 eBook

박만(부산장신대 신학과 교수)

이 책은 현대 신학의 대표적인 학자들과 최근의 신학계의 흐름을 해설한다. 20세기 전반기의 대표적인 신학자인 칼 바르트와 폴 틸리히, 디트리히 본회퍼, 그리고 현대 신학의 중요한 흐름인 해방신학과 과정신학 및 생태계 신학 등이 지닌 의미와 한계가 무엇인지를 친절하게 소개하고 있다.

099 아브라함의 종교 유대교기독교이슬람교 `eBook`

공일주(요르단대 현대언어과 교수)

이 책은 유대교, 이슬람교, 기독교가 아브라함이라는 동일한 뿌리에서 갈라져 나왔다는 점에 주목한다. 저자는 이를 추적함으로써 각각의 종교를 그리고 그 종교에서 나온 정치적, 역사적 흐름을 설명한다. 이스라엘과 팔레스타인으로 대변되는 다툼의 중심에는 신이 아브라함에게 그 땅을 주겠다는 약속이 있음을 명쾌하게 밝히고 있다.

221 종교개혁 이야기 `eBook`

이성덕(배재대 복지신학과 교수)

종교개혁은 단지 교회사적인 사건이 아닌, 유럽의 종교 · 사회 · 정치적 지형도를 바꾸어 놓은 사건이다. 이 책은 16세기 극렬한 투쟁 속에서 생겨난 개신교와 로마 카톨릭 간의 분열을 그 당시 치열한 삶을 살았던 개혁가들의 투쟁을 통해 보여 주고 있다. 마르틴 루터, 츠빙글리, 칼빈으로 이어지는 종파적 대립과 종교전쟁의 역사들이 한 편의 소설처럼 펼쳐진다.

263 기독교의 교파

남병두(침례신학대학교 교수)

하나의 교회가 역사적으로 어떻게 다양한 교파로 발전해왔는지를 한눈에 보여주는 책. 교회의 시작과 이단의 출현, 신앙 논쟁과 이를 둘러싼 갈등 등이 파노라마처럼 펼쳐진다. 사도행전에 나타난 교회의 시작과 이단의 출현에서부터 초기 교회의 분열, 로마가톨릭과 동방정교회의 분열, 16세기 종교개혁을 지나 18세기의 감리교와 성결운동까지 두루 살펴본다.

386 금강경

곽철환(동국대 인도철학과 졸업)

『금강경』은 대한불교조계종이 근본 경전으로 삼는 소의경전(所依經典)이다. 『금강경』의 핵심은 지혜의 완성이다. 즉 마음에 각인된 고착 관념이 허물어져 어디에도 집착하지 않는 상태를 말한다. 이 책은 구마라집의 『금강반야바라밀경』을 저본으로 삼아 해설했으며, 기존 번역의 문제점까지 일일이 지적해 독자들의 이해를 돕고자 했다.

013 인도신화의 계보 eBook

류경희(서울대 강사)

살아 있는 신화의 보고인 인도 신들의 계보와 특성, 신화 속에 담긴 사상과 가치관, 인도인의 세계관을 쉽게 설명한 책. 우주와 인간의 관계에 대한 일원론적 이해, 우주와 인간 삶의 순환적 시간관, 사회와 우주의 유기적 질서체계를 유지하려는 경향과 생태주의적 삶의 태도 등이 소개된다.

309 인도 불교사 붓다에서 암베드카르까지 eBook

김미숙(동국대 강사)

가우타마 붓다와 그로부터 시작된 인도 불교의 역사를 흥미롭고도 일목요연하게 정리한 책. 붓다가 출가해서, 그를 따르는 무리들이 생겨나고, 붓다가 생애를 마친 후 그 말씀을 보존하기 위해 경전을 만드는 등의 이야기들이 한눈에 들어온다. 또한 최근 인도에서 다시 불고 있는 불교의 바람에 대해 소개한다.

281 예수가 상상한 그리스도

김호경(서울장신대학교 교수)

예수가 그리스도라는 것은 어떤 의미인가? 이 책은 신앙적 고백과 백과사전적 지식 사이에서 현재 예수 그리스도가 가진 의미를 묻고 있다. 저자는 이러한 문제의식을 바탕으로 예수가 보여준 질서와 가치가 우리와 얼마나 다른지, 그를 따르는 것이 왜 우리에게 익숙하지 않은 일인지를 보여주고 있다.

346 왜 그 음식은 먹지 않을까 eBook

정한진(창원전문대 식품조리과 교수)

세계에는 수많은 금기음식들이 있다. 유대인과 이슬람교도들은 돼지고기를 먹지 않고, 힌두교도의 대부분은 소고기를 먹지 않는다. 개고기 식용에 관해서도 말들이 많다. 그들은 왜 그 음식들을 먹지 않는 것일까? 음식 금기 현상에 접근하는 다양한 방식을 통해 그 유래와 문화적 배경을 살펴보자.

eBook 표시가 되어있는 도서는 전자책으로 구매가 가능합니다.

(주)살림출판사

www.sallimbooks.com

주소 경기도 파주시 문발동 522-1 | 전화 031-955-1350 | 팩스 031-955-1355